U0855788

中国科学家爸爸思维训练丛书

给孩子的商业思维课

孙明展 ◎ 著

中国妇女出版社

图书在版编目（CIP）数据

给孩子的商业思维课 / 孙明展著. -- 北京 ：中国妇女出版社，2022.8（2022.10重印）
（中国科学家爸爸思维训练丛书）
ISBN 978-7-5127-2147-0

Ⅰ.①给… Ⅱ.①孙… Ⅲ.①商业经营－少儿读物 Ⅳ.①F715-49

中国版本图书馆CIP数据核字（2022）第116751号

责任编辑：赵 曼
封面设计：尚视世觉
责任印制：李志国

出版发行：中国妇女出版社
地　　址：北京市东城区史家胡同甲24号　　邮政编码：100010
电　　话：（010）65133160（发行部）　　65133161（邮购）
邮　　箱：zgfncbs@womenbooks.cn
法律顾问：北京市道可特律师事务所
经　　销：各地新华书店
印　　刷：北京通州皇家印刷厂

开　　本：165mm×235mm　1/16
印　　张：14
字　　数：200千字
版　　次：2022年8月第1版　　2022年10月第4次印刷
定　　价：59.80元

如有印装错误，请与发行部联系

前言

我今年 43 岁。孔子说“四十不惑”，到了 40 岁，应该知道自己的能力和自己想要什么了。于是，从 40 岁开始，我给孩子们开了一门线上课——《给孩子的财经小课》。第一季线上课从 2020 年年初开始，一“开张”就遇上了新冠肺炎疫情，现在做到第三季了，依然在与新冠肺炎疫情同行。

我开设财经小课的初衷很简单，既然自己一直从事与财经相关的工作，平时也喜欢和孩子聊财经话题——何不把这些内容记录下来，惠及更多的孩子呢？

经过两年多的课程讲解和系统思考，我越来越觉得，让孩子了解当下的宏观经济形势，了解基本的经济学常识，从小培养商业思维，是教育中非常重要的一件事情。因为，虽然我们生活在一个商业社会，但正式的中小学课堂里，根本不会深入讨论这一话题。

• 被低估的商业思维

不少父母希望孩子对商业有所了解，因为他们自己吃够了不懂经济、缺乏商业思维的苦。

他们也说不清楚自己到底想要什么，即使学识很高的朋友，“希望孩子学点儿经济学”的想法也常常会简化为以下几种需求：

希望孩子了解房地产投资，早点儿看懂股市，学习买股票；

希望孩子学点儿金融知识，将来能进投资银行，在市场上崭露头角；

希望孩子有商业思维，以后可以迅速找到商业模式，成为创业英雄。

大多数人并不关注真正的商业是什么样，大家关注更多的是：谁是首富？现在哪个行业赚钱？未来我的孩子适合进入哪个行业？……这不是个体的问题，有史以来人们对商业真相的重视程度就不够。回望人类社会的历史，几乎都是王侯将相史，并没有给商业人物留多少位置。但是对世界的改变，让人类生活变得更好，商业功不可没。

我很欣赏的科普作家吴军，在《全球科技通史》一书中这样写道：

中国在农耕文明时期，人均收入在长达2000年的时间里没有本质变化。

中国在1978年改革开放之前还是一个农业国，按照世界银行的统计指标，当时人均GDP只有156美元，低于历史上大部分和平时期，甚至只有撒哈拉以南非洲国家的1/3，这也是邓小平同志讲的再不努力就要被开除“球籍”的原因。

但是到了2016年，中国的人均GDP已经高达8100美元，其根本原因就是工业革命和在工业革命中起主导作用的科学技术。

在农耕文明社会，经济总量很大程度上取决于人口总量，技术的作用是次要的，工业革命不仅带来财富的剧增，而且让人们整体生活水平有了大幅的提高。

在农业时代，人类的平均寿命只有30～35岁，而工业革命开始以后逐渐增加到65～70岁，大致翻了一番，可以毫不夸张地说，相比工业革命，任何王侯将相的丰功伟绩都显得微不足道。

对于吴军博士的这段话，我要进行延伸：

工业革命的主导当然是技术进步，但如果没有商业人物敏锐的目光和过人的胆识，将科学技术成果转化、推广并惠及民众，普通人依然无法享受到工业革命带来的好处。

我们这一辈的父母，一定记得改革开放的总设计师邓小平说的两句话：“以经济建设为中心”“科学技术是第一生产力”。这两句话改变了我们的生活，改变了2000年农耕文明都没有提升的基本生活品质。

我国真正完成工业革命是在改革开放之后，从那以后，我们的工业品才真正商业化，自行车、电视机等不用凭票购买了。

工业革命，本质上就是科学技术和商业思维的结合。工业革命之所以能够成功，是因为工业革命之前，牛顿等一批“科学巨人”建立了科学思维；工业革命期间，有一大批现代商业文明的创造者，例如西门子、洛克菲勒、卡内基、福特等，用商业思维把工业革命的成果变成了每个家庭都用得起的产品，同时创造了大量就业，推动了现代化国家的建设。

任何一个国家开启工业革命之后，短短三四十年，生活水平的变化都比过去农业社会大得多。所以我说，在世界历史上比王侯将相更重要的，就是科学家和具有冒险精神的商业家。

我希望所有的孩子都能理解商业，了解科学家和商业家彼此依存，创造了商业文明。

• 我的梦想

作为一名985高校的数学系硕士，毕业后我一直在研讨数学理论，以及与商业、财经、科学相关的理论知识，还组建了一个在线教育平台。

我虽然不能为国家培养科研领军人物，但是我或许可以培养孩子的科学素养，为培养未来的科学领军人物打打前站。

同时，发挥自己的专业优势，一边给孩子讲科学，一边给孩子讲商业，让孩子爱上科学的同时，具备商业创新意识和协作精神，成为未来中国的领军人物，想想也是一件非常美好的事情。

孩子们，让我们一起走进商业的世界吧，不是为了赚多少钱，而是要重新认识人类的文明发展史，认识那些提高了人类生活品质的璀璨商界明星，从他们身上找到前进的力量。希望你们未来能成长为有国际视野和格局的新时代青年，即便将来创业，也要做一个有家国情怀的企业家。

目录

第一章 商业就是赚钱这么简单吗

商业和商业社会 002

货币和财富 007

历史上的商业文明 015

“商业”是个中性词 021

为什么要培养商业思维 031

第二章 用商业改变世界

跨国托拉斯：诺贝尔的“炸药帝国”......038

跨界营销：轮胎巨头米其林与美食点评 047

神级收购：从米老鼠开始的梦幻王国 055

标准化：吃遍全球，多亏这“铁箱子”......064

一切皆可卖：商业和体育的完美结合 072

第一性原理：马斯克只做最难的事 080

第三章 从日常生活中培养商业思维

边际效应：游乐园年卡如何赚钱 092

经济效用：为什么现在人们更喜欢手工制品 102

赌徒谬误：抓娃娃机陷阱多，为何还这么火 110

垄断与创新：没有价格优势，实体店会消失吗 117

稀缺性：我的奥特曼卡未来能换大钱吗 128
“不务正业”的商业智慧：为啥每个电影院都卖爆米花 137
交易成本：滞销的牛奶为何倒掉也不送人 144

第四章 我的未来，我来创造

公司：用你的创新想象改变世界 154
向太空发展：普通人上太空还有多远 162
高科技的较量：小小芯片，等你们突破 172
从有糖到代糖：“甜蜜”的诅咒可以破除吗 182
用商业推动科技：小疫苗背后的商机 192
互联网经济：未来会是什么样的购物场景 201

后 记 209

从我们来到这个世界的第一天起，就开始接触商业：喝的奶粉、玩的玩具、接受的早教课程，都是商品。我们如果想拥有更好的生活，就要学会在商业交换中实现自己的目标。

但是，在各国的传统文化中，商业都被认为是唯利是图的，中国的传统尤其如此。全社会都有意无意地希望孩子回避商业世界。本书的第一章，就是希望能正本溯源，改变观念，重新审视商业思维的重要性。

第一章

商业就是赚钱这么简单吗

商业和商业社会

毫无疑问，我们处于一个商业的世界。对于商业，教科书是这样定义的：商业（business），是指所有以赢利为目的、力求为他人提供商品和服务的活动。[①] 首先，这就是一个交换的过程，把我所拥有的产品交换给你，以获得利润，也就是赚到钱；其次，注意“力求”这个词，从事商业的人需要竭尽所能，促成交换，要“力求”赚到钱。

① ［美］威廉·尼克尔斯等著，《认识商业》（第 12 版），机械工业出版社。

通过交换，你赚了我的钱，我赚了你的钱，钱从一个人的口袋到了另一个人的口袋，整个社会的钱看起来好像并没有增加，那为什么说商业能促进社会财富的增加呢？

• 两个村落的故事

我们先通过一个小故事了解商业是什么。

很久以前，在一个与世隔绝的地方，有两个奇特的村子。东村人只会种玉米，其他啥都不会，代代相传。西村人只会种棉花、织布，其他什么都不会。

东村人一到晚上就冻得瑟瑟发抖，用树皮裹体，也抵御不了寒风；西村人虽然晚上不受冻，但白天只会采野果充饥，饿得骨瘦如柴。

忽然有一天，不知什么原因，有一个人从东村走到了西村，发现了另一个村子里的生存秘籍。这个人兴奋地回到东村说道：“在不远的地方有个村子，那儿的人懂得种棉花、织布，我们赶快拿吃不完的粮食，去和他们交换布和衣服吧。有了布和衣服，我们以后就不会受冻了。”

原先东村的玉米太多，囤在家里发霉了，这时候玉米还不是用于交换的产品，不是商品，所以东村也就没有商业行为。

当东村人为了让自己过得更好，把剩余的玉米拿出来，去交换西村人织好的布的时候，商业就在这个封闭的小世界里诞生了。

• 如何定价

商品要交换成功，需要一个交换的标准。

东村人用多少玉米换西村人的一匹布呢？东村有一家人经验不足，一听说可以用玉米换布匹，就把家里的 200 斤玉米拿出来，换了一匹布。

这下西村人兴奋了，大家琢磨着："织布是我们拿手的啊，一个人每月织一匹布没问题，温饱问题就妥妥地解决了。"于是，西村有布的人都来找东村这家人。

在各种推销下，东村这家人的玉米被换购一空。毕竟种玉米需要时间，不可能从天上掉下来。东村也有"智商在线"的村民，他们一算，这笔交易有问题：一个人一年辛辛苦苦，能收 200 多斤玉米就不错了，自己还得吃。现在倒好，西村人用一个月织的布就能换取东城人辛苦一年种植的玉米？有个声音说："这不合理，再这样换下去，东村人要饿死了。"

于是，东村的另一家人提出，用 50 斤玉米跟西村人换一匹布。西村人一合计，觉得东村的人没有狮子大开口，于是就同意了。

价格在这种不断磨合中达到均衡，双方都达到了“让自己的生活变得更好”的目的。

对于东村人和西村人来说，虽然家里存的玉米和布变少了，但是他们的生活品质提升了。他们不再冻得瑟瑟发抖，也不再食不果腹，没有额外生产东西就实现了“丰衣足食”，两村的财富都增长了。这就是商业的过程。第一个不小心打通两个村商品交换之路的人，就是这个独立世界的“开山鼻祖”。

思考题

这一章的故事中，两个村庄的人都在考虑如何让自己的利益最大化，最后过上了更好的生活。你可以在日常生活中找到一个实际案例吗？

货币和财富

有没有发现，物物交换是非常麻烦的事情？天下哪有这么巧的事情：

你剩余的布，刚好可以换别人手中的玉米？

你养的鸡，刚好可以换他捕获的海鲜？

你的邻居刚好拥有你需要的东西？

你需要一支笔，但别人偏偏没有，只有几片竹简，怎么办？

于是，有人开始琢磨，应该找到一种物品作为中介，拿这种物品去和别人交换时，没有人会拒绝。我们先将玉米换成这种物品，再拿它去买需要的布或其他东西，这样不就方便多了？

这种物品，后来被人称为“货币”，是交易的中介。货币把“买”和“卖”两种行为分离开来，解决了物物交换不方便的问题。货币演化到了今天，人们称之为“钱”。

• 分工产生

东村和西村的村民，生活在封闭的世界里，他们的生活中仿佛只有吃和穿两件事情。但我们日常生活中有很多需求，除了穿衣，我们还需要鞋子；睡觉时需要被子、枕头、床单；学习需要用到纸、笔、书籍；做饭需要炉子、锅碗瓢盆，还有各种调料……这些都是最基本的需求，如果我们想过上更优质的生活，需要的东西更多。一个人或者一家人再能干，也无法生产出自己需要的所有日常用品。

人类在很早以前就已经发现了“交换”的秘密——我们没有必要自己生产所有的东西。我只要说清楚“这是我的，那是你的，我愿意拿我的东西跟你的东西交换”，有交换需求的人可能就会向我抛出橄榄枝。除了人类之外，其他的动物都没有这种能力。

人类利用“交换”满足自己的需求后，开始产生“分工”的倾向。经济学的开山祖师、英国经济学家亚当·斯密在他的《国富论》里，用四个人的故事描述了什么是“分工”。

第一个人，他是游牧民族中的一员，以狩猎为生，擅长制造弓箭。有一次，他用自己做成的弓箭去交换猎人的兽肉，他发现猎人愿意给出的兽肉，比他亲自到野外捕猎的多。于是，他就萌生了一个想法：“既然我擅长做弓箭，猎人擅长捕猎，我就专职做一个弓箭制造者就好了。”

第二个人，他擅长建造小茅屋，经常被人请去造房子，得到的酬劳是家畜和兽肉。后来他发现，自己喜欢一心一意建房子，不喜欢养鸡，也不喜欢打猎，于是他就成了一名专职的房屋建造者。

第三个人，他成了铁匠或铜匠。

第四个人，他成了制皮革的人（过去皮革是人类的主要衣料）。

慢慢地，人们在交换中，结合自己的兴趣和特长，从事起相当固定的工作。于是，社会上就出现了劳动分工。商业也随之出现了各种细分的领域。

一个人日常所需要的大部分物品都是别人劳动的产物，他必须用自己的劳动产物的剩余部分去交换，才能满足需求。货币产生后，他用自己的劳动产物换取货币，再用货币去交换别人的劳动产物。

所有人都要依赖交换，换句话说，所有人都在一定程度上成了商人，社会也就成了商业社会。

• 交换的激励

1.5 万年前的采集社会，世界范围内人均 GDP 大概是 90 美元①。这是用今天的货币单位进行衡量后的表述，否则只能说，当时人均 GDP 大概等于多少颗野果、多少只猎物。

到了 2021 年，根据国际货币基金组织的数据，世界人均 GDP 是 1.25 万美元，是采集社会的 130 多倍。

由于全世界的人口快速增长，从原始社会到现在，全世界的经济总量增长是一个很大的数字，为什么人类能够创造出越来越多的财富呢？因为生产力得到了提升。

在原始部落里，最值钱的东西就是捕猎到的动物，人们的财富总增长主要体现在捕获动物的数量增加了。

随着狩猎工具和狩猎技能的改变，人们抓到的野猪、野牛越来越多，吃不完的野猪、野牛被圈养起来。当这些被圈养的牲畜开始生崽，人们发现比起到山里打猎，饲养或者放牧更加稳定，产出的食物

① ［英］埃里克·拜因霍克著，《财富的起源》，浙江人民出版社。

更多，于是养殖业、畜牧业逐渐发展。

但是，动物的繁殖能力也有上限，人们又偶尔发现植物种子的繁殖能力更加惊人，只要稍加种植，就可以获得大量的食物，养活更多的人。于是，农耕技术得到发展，人们开始定居下来，通过种庄稼过上了农耕生活，人类进入了农业社会。

技术的发展创造了财富，但是只有技术还远远不够。我们举一个简单的例子。有个穷困潦倒的人，在深山老林里发现了一座金矿，他把金子挖出来，这只是初步的生产环节。如果他不拿金子到外面买包子吃，他在山林里就饿死了，采出的金子也就成了一堆“废铁”。如果他把金子拿到包子铺去买包子，包子铺老板得到金子后，可以给员工支付工资。员工拿到工资后，可以到商店购买生活必需品。商店再从厂商进货，有些厂商为了生产也需要金子。

交换，促使整个社会不断提升生产能力。挖金子的人想挖更多的金子，卖包子的人想卖更多的包子，卖日用品的人想卖更多的日用品，每个人只需要做好自己的事情，就能满足自己的需求。社会生产效率大大提高，社会财富也变得更多，每个人都能从中得到好处。

那些为了提高生产能力进行发明创造的人，也彰显了他们的价值：提升了生产力，通过革新技术创造更多的财富。如果没有交换，整个社会的经济发展就是一潭死水，永远不可能带来真正的科学技术革命。

•《国富论》为商业正名

1776 年，英国经济学家亚当·斯密出版《国富论》，从理论上阐明：利益交换，是人类生存的必要方式。

经过 200 多年的沉淀，这个观点已经不再石破天惊，但在当时，它是划时代的。

在此之前，虽然人们在现实生活中有商业交换的意愿，但是始终认为从事交换的人是“不道德”的。中外都有“轻商”的传统：在《孟子》一书中，阳虎说“为富不仁矣，为仁不富矣”；希腊哲学家柏拉图也说了类似的话，富足同美德是不相容的，富人不可能是善人，因为他的财富来源和使用不正当。

传统观念认为，商人不劳而获，是在榨取老百姓的利润。他们赚了钱，就意味着老百姓损失了钱。

亚当·斯密的思想，彻底解放了欧洲的商业，为工业革命后各种企业的开创奠定了坚实的基础。商人们终于可以扬眉吐气地说：“商业是一件对社会有利的事情，商人赚钱也是为社会作贡献。”如果大家都努力赚钱、努力创新，世界就会变得更美好。

历史学家阿诺德·汤因比曾经说过，“《国富论》和蒸汽机毁灭了旧世界，建立了新世界”。《国富论》为商业正名，而蒸汽机则让人重新认识自身的力量。

农耕文明时期，人均 GDP 的增长是有限的。以中国为例，中国在 1978 年改革开放之前还是一个农业国，按照世界银行的统计指标，当时人均 GDP 只有 156 美元。前面我们提到过另一组数字，原始采集社会人均 GDP 是 90 美元。虽然统计口径有差异，但起码说明了一点：在农业社会，人们的生产能力有了提升，交换意愿也是有的，但是人均 GDP 变化不大。

因为生产能力制约了人类，我们生产不出更多的产品，生产不出维持基本生存以外的更多产品。

其中有一个重要原因，当时人们把生产能力制约的问题交给了上帝、神、玉皇大帝和龙王爷等超自然力量，认为人类无法决定自己的生产能力，我们是靠天吃饭的。直到有一天，西方有人认为，人类有能力提升生产力。

从牛顿力学到瓦特蒸汽机车的发明，从 1665 年到 1776 年，经过 100 多年，欧洲的科学和技术突飞猛进。人类知道有了更大的动力——蒸汽的动力，它来源于化石能源（煤），能够让生产能力大幅提升。燃烧煤可以产生比牛、马和人力多得多的能量。人类恍然大悟，我们生产能力低，并非我们“不能”，而是受制于人类和牲畜自然动力的不足。从此，在科学的加持下，人类的生产能力骤然提升。

这就是第一次工业革命，既解决了生产能力的问题，又解决了交换的最后一个问题——道德问题。从此，欧洲开始进入快速发展的轨道。

思考题

《国富论》是经济学的开山之作。你还知道哪些开创了一个学科的著作？历史上这样的书不少，请你举出两三个例子，并且希望你在上高中之前能读几本。

历史上的商业文明

人类历史上，曾经出现过不同类别的文明，比如农业文明、军事文明、商业文明。

军事文明对人类伤害非常大，农业文明又过于保守。腓尼基、古希腊、中国的宋朝，都证明了商业文明是开明的，它们更关注个体，更讲究开放与包容，更重视规则与契约，也更接近现代的主流价值观。

• 紫红之国

腓尼基人是最早的商业民族之一，活跃于公元前10世纪（相当于我国西周时期），生活在今天的东地中海黎巴嫩、叙利亚一带。

“腓尼基”一词在古希腊文里的意思是“紫红色”。

当时埃及、巴比伦等国家的国王和贵族，都喜欢穿紫红色的大袍子。可是，他们找不到一种办法能让颜色永远保持鲜艳。

腓尼基人掌握了财富的密码：他们去海边寻找一种叫骨螺的贝类，打碎贝壳后，里面就会流出紫红色的液体。腓尼基人正是用这种液体制造出了美丽而不褪色的染料——“泰尔紫”。他们用“泰尔紫”染布，再卖给埃及、巴比伦等国家的国王和贵族，赚了很多钱。

他们还是最早的航海家。从地中海到大西洋的出口处，现在叫作“直布罗陀海峡”。当时，没有谁敢驶出那个海峡，认为那是世界的尽头。可是，腓尼基人为了做生意，天不怕地不怕，他们不但驶出了海峡，还航行到了今天英国附近的某些地方。

腓尼基人只想做生意，并没有成立强大的王国。同时期的亚述帝国，则是军事文明的代表，其征服战争以残暴闻名，军队所到之处城镇都被焚烧破坏，财物被掠夺，居民被屠杀或被掳走，人口锐减，生灵涂炭。

腓尼基的军事能力不强，没能逃出亚述帝国的魔爪，但是它点燃了后来的迦太基文明，也点燃了古希腊文明。

• 古希腊文明

古希腊文明（公元前 800 年—公元前 146 年），本质上也是一种商业文明。古希腊地处丘陵地带，不太适合耕种，所以只能发展商业。

古希腊人先向东方学习了陶器等手工业品的制作方法，并进行了工艺创新。古希腊的城邦均设有大小不等的陶器作坊，像雅典这样的大城市甚至专门设立了烧陶区。大批手工业生产中心的出现，有力地促进了手工艺品设计和制作水平的提高。

受早期腓尼基人航海贸易的启发，古希腊人也开始了远洋事业，他们将手工艺品卖到盛产小麦的北非尼罗河流域以及近东两河流域，以换取粮食。

由于贸易频繁，古希腊人必须与陌生人打交道，不像我们中国古代是一个熟人社会。和陌生人打交道，如何取得信任，只能依靠规则、协议和契约。

频繁做生意，需要估算货物的价值和利润，所以他们的数学能力和逻辑思维能力都比较发达。

商业文明必须讲契约精神和规则，不然无法正常进行贸易。如果规则遭到破坏，大家都做不成生意。所以每个人都要严守规则，一旦有人肆意破坏规则，必然会有人群起而攻之。这也催生了民主制度。

古希腊能够奠定科学、民主、文学、艺术等现代人类文明的基础，商业文明是其主要原因。然而，古希腊及其继承者古罗马灭亡后，文明的复苏之花要等到1000多年后的文艺复兴才重新绽放。古希腊、古罗马后的黑暗时期，更多是由于军事、政治和宗教造成的，与之相比，商业恰恰是文明的守护者。

• 开放的宋朝

宋朝是中国古代最开明、最有风雅、文化最发达的朝代。

日本汉学家宫崎市定提出，中国从宋代开始，从“内陆中心”的时代变为“运河中心”的时代，“大运河的机能是交通运输，所谓运河时代就是商业时代”。

从传世名画《清明上河图》中，我们可以看到北宋都城汴京（今河南开封）的繁华景象。汴河两岸商贾云集、车水马龙，大商人、小商贩、手工业者、艺人等各类市民过着有烟火气的生活。

由于西夏隔断了河西走廊，陆上丝绸之路改为海上丝绸之路。由于运河联结了沿海，海上贸易也得到了发展。

当时宋人的造船技术、指南针技术都领先于世界，他们还有丰富的航海经验，将商船开到南洋群岛，穿过马六甲海峡，驶入孟加拉湾，然后入印度洋，进入阿拉伯海与波斯湾，再沿着阿拉伯半岛海岸进入红海，或越过苏伊士地峡入地中海。原来由阿拉伯商人控制航线的印度洋，在 11 ～ 13 世纪时成为大宋商船的天下。

在北宋的汴京有犹太人的聚居点，在泉州与广州等口岸城市，则生活着大批阿拉伯人、东南亚人和东非的黑人。宋朝以开放的胸襟鼓励海外诸国来华贸易，也注意保护来华外商的利益。在宋朝，商人的地位到了古代华夏文明的顶峰。

只可惜，宋朝灭亡后，元、明、清又重新“抑商重农”，走了回头路。

思考题

在中国的历史上，其实大多数时期都轻视商业，甚至认为商业是罪恶的。和你的长辈交流，或者上网搜索，看看能否找到传统文化轻视商业的证据？或者是一句歇后语，或者是一个成语。

“商业”是个中性词

商业的本质是交换，无所谓善恶。它是一个中性词，你可以用它做善的事情，也可以用它作恶。现代金融业是商业发展的高峰，我们用金融业的两个例子——尤努斯和麦道夫的故事，理解商业善与恶的两个极端。

• 好的商业：尤努斯和穷人银行

2006 年，孟加拉人、经济学家穆罕默德·尤努斯被授予诺贝尔和平奖，以表彰他“从社会底层推动经济和社会发展的努力”。

一个经济学家，为什么会跨界获得诺贝尔和平奖？尤努斯最大的贡献是，他运用商业思维来做慈善，让商业链条上的每一环都受益，同时还能让慈善事业水到渠成。

1976 年，尤努斯创立了专门为贫困的孟加拉国农民提供信贷业务的格莱珉银行（又称乡村银行）。在金融史上首次开创和发展“微额贷款”的服务模式，专门给那些无法获得传统商业银行贷款的穷人发放贷款，让金融服务惠及贫困人群。因此，尤努斯也被称为“穷人的银行家”。

• 创新源起

1976 年，尤努斯带着学生在吉大港大学附近的一个村庄进行调研。尤努斯遇到一个农妇，这个农妇每天做一把凳子，需要向高利贷方借 22 美分，买来原材料，用竹子编成凳子后，再以远低于市场价的价格卖给高利贷方用来还贷，收入只有 2 美分，中间大多数的利润都被高利贷方盘剥走了。

这点收入只能供农妇每天勉强养活自己和三个孩子，这种生活如同一个死循环，没有任何改善的可能。如果农户有 22 美分的本钱，就不用借高利贷，自己就能买下竹子努力工作，以市场价卖掉竹凳，收入就会越来越高，日子也会越来越好。

事实却是，在高利贷的盘剥下，无论农户如何努力工作都赚不到钱。尤努斯认为，造成穷困的根源并非是懒惰和缺乏智慧等个人原因，而是因为缺少资本，这种状况使得穷人不能把钱攒下来做进一步的投资，而一些放贷者提供的借款利率每月高达10%，甚至每周10%。

不管这些穷人再怎么努力劳作，挣的钱都不可能超越基本生存线，存钱投入生产更无可能。事实上，穷人所需要的资本仅仅是非常微薄的一笔钱。

尤努斯曾经收集了一份包含42个像这个农妇一样依赖高利贷的穷人名单，发现他们需要的贷款总额仅仅是区区的27美元，就算考虑到通胀因素，放到今天也就是100多美元。穷人的要求并不高，为什么就没有银行愿意贷款给穷人？

银行本质上也是一个商业机构，放贷款的目的是在收回本金之余还能获得利息作为利润，所以银行放贷时往往要求贷款人用房产、个人信用作为贷款的担保，降低贷款收不回来的风险。

穷人家徒四壁，哪儿来什么担保呢？银行当然就不肯贷款，只有高利贷者像吸血鬼一样愿意借钱给穷人，这些穷人就一直陷在贫困的旋涡里面。

尤努斯曾经试图说服商业银行给穷人放贷，却没有结果。于是，他就用自己的名义向银行贷款，再把学生组织起来，向穷人发放小额贷款。这个举动帮他打开了思路，他想：“我为什么不开一家专门给穷人贷款的银行，让穷人自己创造一个没有贫困的世界？”

1983 年，一家叫格莱珉的银行诞生了，这家银行只贷款给穷人，被称为“穷人的银行”。

• 团体信用

尤努斯坚决反对施舍与赠予，他认为这样反而会损害穷人的创造力和责任感。格莱珉银行也是以商业方式运作，自主运营、自负赢亏。

格莱珉银行首创“团体贷款”模式。银行和贷款人之间不签署任何法律合同，整个运作只是基于“互信”，格莱珉银行信任的不是个人，而是“团体”。格莱珉银行要求每个贷款申请人都必须加入一个由相同社会背景的人组成的互助小组，每 5 人组成一个小组，绝大部分组员是女性。小组中的每个人之间、不同的小组之间，都互相支持和监督。

通过贷款审批后，格莱珉银行针对团体贷款采取“2-2-1”的顺序放贷。最初只有两名成员可以拿到贷款；根据偿还情况，另两名成员再申请贷款；小组长最后才能拿到贷款。通过这一机制，后面申请的人和小组长变成了免费的“风险控制官”。

根据孟加拉国国家统计局的数据显示，在格莱珉银行的带动下，该国绝对贫困率从1972年的82%下降到2018年的11.3%，乡村也发生了翻天覆地的变化。

格莱珉银行的运营模式在40多个国家推广，惠及全球超1688万个低收入家庭。在银行成立初期，银行资金的来源主要靠捐赠，从2005年起，格莱珉银行宣布不再接受任何捐赠，只依靠银行自身运营赢利。

尤努斯认为，他所创建的格莱珉银行并不是传统意义的企业，而是一家“社会企业”。在传统经济学中，企业存在的目的是利润最大化，而社会企业存在的目的是追求特定的社会目标，像格莱珉银行，它的目标就是帮助穷人摆脱贫困。

格莱珉银行用行动证明，比起慈善捐赠，消除贫穷最好的方法是在商业上进行有效且可持续的拓展，帮助穷人依靠自身能力摆脱贫穷。

• 坏的商业：麦道夫骗了全世界

同样在金融业，另一个商业案例却是恶的代表。

2021年，美国前纳斯达克股票交易所董事会主席伯纳德·麦道夫在监狱里去世，终年82岁。他曾经狂骗全世界650亿美元，制造了迄今为止历史上最大的“庞氏骗局”，为此损失1亿美元以上的大型金融机构就超过20家，各界名流富豪更是数不胜数。650亿美元，大概可以盖200多个北京的“鸟巢体育场”。

名词解释

庞氏骗局

名字来源于一个意大利人，叫查尔斯·庞兹。他从1919年开始，在美国制造了一个1500万美元的骗局，这个金额相当于今天的2亿美元，仅仅一年多就被揭穿，庞兹也被捕入狱。

庞氏骗局的运作方式，用中国的俗话说就是“拆东墙，补西墙”。骗子承诺，投资者只要把钱投给他们，就能有高收益。他们把投资人的钱聚拢在手里后，根本没有拿去投资，只是把后面闻风而来的新的投资人的本金，拿出一部分支付给前面投资人的收益，只要前面投资者的收益如期兑现，就会吸引更多的人来投资。钱会迅速像雪球一样越滚越大。

但是，一旦后面没人再来投资，或者新投资的钱不够支付前面的利息，更有甚者，如果前面的投资人突然要求赎回本金时，整个骗局就会瞬间崩盘。

• 曾经也是好汉

麦道夫年轻时也是一个成功的创业者。他在妻子和老丈人的帮助下，开了一家小小的证券经纪公司，专门帮客户买卖股票。

麦道夫非常有先见之明，他认为未来买卖股票一定是电子化交易，这样可以提高交易效率，降低股票买卖的成本，让更多人愿意来交易，证券经纪公司的利润也会越来越高，这是必然的发展趋势。

麦道夫投资25万美元，让当时的辛辛那提股票交易所（美国全国股票交易所的前身）把计算机全部更新换代。辛辛那提股票交易所成为美国第一家全电子化的股票交易所。他赚到了人生的第一桶金——数百万美元利润，还把自己的公司做成了纽约证券交易所的第三大经纪公司。

1991年，麦道夫当选了纳斯达克的董事会主席，他在美国纳斯达克交易所和纽约交易所的竞争中立下了汗马功劳。苹果、谷歌、脸书等影响全世界的公司在纳斯达克上市，麦道夫可以说是居功至伟，可是英雄却变成了魔鬼。

麦道夫被捕后在法庭上供述，他是20世纪90年代开始行骗的。当时美国正在参与海外战争，国内经济下滑，许多人希望通过投资挣到大钱，他正是利用了人们的这种心理，开始了他的“世纪骗局”。

• 骗了全世界

麦道夫一直对客户承诺，投资回报率维持在 10% 左右，这个投资收益不算夸张，所以客户更容易相信他做的是正当投资。这个世界上没有任何一种资产可以保持永远上涨而不下跌。但是，期望永远上涨却符合大多数人的本性。

麦道夫根本没有拿客户的钱去投资，却用许多见不得人的伎俩，把投资计划包装成谁也看不懂的商业机密。

为了隐瞒信息，他还开发了一个虚拟交易系统，用电脑随机生成数字，再将这些子虚乌有的交易记录打印出来寄给客户，撒谎说这就是客户的真实投资。

他把审计机构人员变成了自己的客户，还把自己的侄女嫁给了监管机构的工作人员，让审计机构、监管机构都给他大开绿灯。

他故意把投资门槛设定得很高，只接受单笔 100 万美元以上的投资，后来干脆上升到单笔 1000 万美元，故意营造出“稀缺感”，反倒引来富人追捧，一些大型金融机构也纷纷跟进。

麦道夫是证券界的名人、金融界的翘楚，由于光环效应，富豪和机构都无比信任他，20 年来没有产生过任何怀疑。到了 2008 年，美国发生金融危机，很多客户和机构的其他投资出现了亏损，他们想把投资本金拿回来填补窟窿。麦道夫的骗局没有新的资金进入，一下就崩盘了。

金融业是一种特殊的商业，它看起来光鲜亮丽，离钱很近，收入很高，相比其他行业对人性有更大的考验，其中的肮脏与罪恶也是难以想象的。

思考题

好的商业让我们得到了实惠，坏的商业让大家受到了损失。请和父母交流一下，看看身边有没有这样的例子。

为什么要培养商业思维

培养孩子的商业思维，不可能立竿见影，不可能今天学习了商业思维知识，明天就能洞察商业模式，长大就能赚大钱。就如同我们学音乐，并不是为了马上成为一名演奏家，而主要是为了在成年后具备欣赏艺术的能力。

培养商业思维，是让孩子具备一定的思考力，尤其是在成年时，对这个商业社会不太悲观。

我们要理解，商业社会中的所有现象本质上都是一种交换，交换就是商业行为的本质。当我们平和、理性地看待这个问题，就不会产生过于悲观或两极化的判断，不会把“商业社会”看作一个贬义词。

拥有商业思维，就要知道交换是有价值的、积极的：交换能够创造更多价值，促进全社会财富的增加；交换需要考虑双方的利益，能够洞察别人的利益，并在这个过程中努力“促成”交换，达到双赢。

我们倡导的企业家精神，就是要具备商业思维，不断促成交换，创新商业模式，并百折不挠地实现自己的人生价值。如果你成年后能具备这样的思维、乐观精神、洞察力和驾驭能力，即使不从事商业，而是成为一名校长、博士生导师、行政管理人员或者公益组织负责人，你都是一个优秀的、积极的人。

清华大学原副校长，现任西湖大学校长的施一公，是很多孩子心中的偶像。他不仅是一位科学家，而且具有企业家精神。

施一公曾经和高瓴投资的创始人张磊有过一次对谈，大意是：你现在经常给大学捐款，你捐来捐去，也只是一个优秀校友，如果你把这笔钱拿来，我们一起办西湖大学，你就是一所伟大大学的创始人。

施一公的这番话，体现的就是商业思维——在沟通中，如何站在对方的视角去思考问题，让对方的利益最大化，同时能够驱动我实现想要的价值，圆我的人生梦想。

西湖大学依靠的是社会力量来办学，一所私立大学相当于一个社会企业，它要向董事会汇报。据说，施一公为西湖大学募集资金 100

亿元。计划首届只招 60 名本科生，本科生的学费仅 6000 多元，如果仅从商业赚钱的角度来看，这是一个赔本的买卖。

企业家不见得只追求利润，企业家精神就是要在定下目标之后，充分理解商业社会的运作规则，让股东价值最大化，进而驱动自我目标的实现。

施一公的目标是培养青年科学家，为了让自己的梦想最大化，愿意用商业思维去驱动每一个加入的团体，或者有过“交集”的个人、企业、政府、社会各界，与他们充分沟通，为实现这个梦想而努力。

企业家精神，是想成就一番事业的人必须具备的素质。

思考题

你熟悉的人物中，谁是让你佩服的有商业思维的人？他可以是商界人士，也可以是非商界人士。如果你不了解，可以和父母讨论，也可以看完后面的章节再回答这个问题。

商业本无善恶，我们今天的生活，是由那些带有使命感及创新精神的商业人物铸造的。这一章，我们会聚焦一些用商业思维改变世界的案例：有著名科学家，有发明家，有改变娱乐形式的人，还有让全球生活连接起来的伟大商业发明。正是由于他们，我们才有了今天的生活。

第二章

用商业改变世界

跨国托拉斯：诺贝尔的“炸药帝国”

对现代科学影响最大的人是谁？每个人会有不同的答案。但是说到扩大科学的影响力，让科学家成为明星，进而改变普通人的科学观念，在这方面贡献最大的，非诺贝尔莫属。诺贝尔是诺贝尔奖的创立者，他本身既是商业明星，也是伟大的发明家。或许他的故事能够凸显商业对科学、对人类的改变。

每年 10 月，都是诺贝尔奖集中揭晓的日子。诺贝尔奖是奖励人类科学和文明进步最著名的奖项，由瑞典籍化学家、发明家阿尔弗雷德·诺贝尔（1833—1896）捐款设立。现在诺贝尔被奉为伟人，但他生前却被称为“死亡商人”。

一生致力于发明

诺贝尔是一位化学家、发明家，他最重要的发明是雷管和炸药。他从小就喜欢研究化学和机械，这一切都是因为父亲伊曼纽尔·诺贝尔。19 世纪四五十年代，他的父亲曾经在俄国圣彼得堡开设军工厂，发明了水雷，被俄军用于战争。诺贝尔从小的志向就是成为一名发明家，对研制新式火药非常执着。

几百年来，在西方，黑火药是大家知道的唯一火药。但它的威力很小，不易引爆，科学家一直在寻找新的爆破动力。1846 年，意大利化学家索布雷罗制出了硝化甘油，它的爆炸威力比过去的火药强得多，但由于索布雷罗在做实验时发生了意外，从此他就远离了这个实验。

1855 年，23 岁的诺贝尔和父亲分别开始研制硝化甘油。诺贝尔在做硝化甘油实验时，制成了密封的黑色火药管，他把这种火药管放入甘油中，借着管子的爆炸就能引发硝化甘油更强烈的完全爆炸。这种能使火药完全爆炸的小管，就是雷管。

雷管不仅适用于硝化甘油的爆破，也可以引发其他爆破物的完全爆炸，这是诺贝尔最重要的发明项目之一。

法国的拿破仑三世听说诺贝尔发明了强力炸药，觉得硝化甘油在军事上会大有前途，便建议银行贷款给他。诺贝尔筹到了 10 万法郎，于 1863 年，诺贝尔 30 岁的时候，开始制造硝化甘油。不幸发生了，1864 年，他的弟弟在实验室发生意外，他非常悲伤，下决心要找到最安全的制造方法，使硝化甘油能够安全存放和大量制造。

诺贝尔将 75% 的硝化甘油与 25% 的硅藻土混合，硝化甘油终于以固体形态出现在世人面前，在运输与储存时既方便又安全，大大减少了伤亡事故。1864 年，他在申请专利时，为这种新型炸药取名为“达纳炸药”（dynamite）。

1865 年，诺贝尔在德国汉堡附近的克鲁梅尔，建立了颇具规模的硝化甘油工厂。一度被视为危险品的炸药，可以造福人类了。达纳炸药被广泛应用于隧道工程、开发铁路、挖掘运河、开山辟地、矿业开采等各个领域。以采矿业为例，因为达纳炸药的出现，各种金属被源源不断地开采出来，提高了人类的生活水平。

诺贝尔的克鲁梅尔工厂规模也不断扩大。1867 年，达纳炸药产量仅为每年 11 吨，到了 1874 年，已达到每年 3120 吨。

诺贝尔是发明家与企业家的结合，他一生都没有停止过发明。诺贝尔通过不断改造，又制造出很多新的炸药产品，取得了巨大的经济效益。

后来，诺贝尔还制造出棒状的无烟火药，可以让大炮精准命中目标。改进后的无烟火药，后来成为火箭推进剂，它燃烧后可以产生冲力强大的气体，借着气体喷出的反作用力来推动火箭飞行。

• 靠战争致富

达纳炸药、胶质炸药等强力炸药的出现，是世界火药史的一大进步。

诺贝尔不仅是发明家，还是一个非常有商业头脑的人，他自己研究发明的产品，一定要自己生产、自己销售。他在英国就拥有 355 项专利，但他从未把专利权转让给他人。

他建立的达纳炸药总公司，总部设在巴黎，分公司建在世界各地。遍布全世界的诺贝尔炸药公司形成了庞大的垄断组织，从生产、经营到销售，都受总公司控制。诺贝尔的达纳炸药是最早建立的跨国托拉斯（Trust）之一，现在被世界各国的化学工业、石油工业采用。

诺贝尔成了世界著名的企业家，但他的内心一直饱受煎熬，火药究竟是杀人的武器，还是开辟道路、挖掘矿石、促进文明的利器？火药促进了工业的发展，但在战争中因炸药死亡的人也不计其数。

1888 年，诺贝尔的二哥、俄国石油大亨路德维格在法国去世。有一家报纸以为去世的是“炸药大王”诺贝尔，错误地刊登了讣告，标

名词解释

托拉斯（Trust）

托拉斯，是商业垄断组织的最高形式。由许多生产同类商品的企业或产品有密切关系的企业合并组成，旨在垄断销售市场、争夺原料产地和投资范围，加强竞争力量，以获取高额垄断利润。一般认为，托拉斯最早出现在美国，洛克菲勒的标准石油公司是世界上第一个垄断集团。

题为“死亡商人死了”，报道说，“阿尔弗雷德·诺贝尔博士通过想办法比以往更快地杀死更多人而致富，他昨天去世了”。

诺贝尔一生未婚，他的晚年一直在思考财产分配问题。1895 年，诺贝尔签订遗嘱，决定捐出自己总遗产的 94%——3100 万瑞典克朗（约 920 万美元），用于设立诺贝尔奖。有人估算，这笔钱相当于当时瑞典整个国家财政收入的 17%。当年的 3100 万瑞典克朗，相当于今天的 1.7 亿美元。

诺贝尔在遗嘱中提到，要将他的遗产兑换成现金，进行安全可靠的投资，用这份资金成立一个基金会，每年将基金所产生的利息奖给在前一年度为人类作出杰出贡献的人。将此利息划分为五等份，分别奖给在物理学界、化学界、生理学或医学界、文学界有突出成就的人。另外，对消除战争、促进和平的人，授予和平奖。

• 诺贝尔奖颁了 100 多年

为什么诺贝尔奖发了这么多年，还有钱发呢？

答案就在诺贝尔的遗嘱中，其中有一句关键的话：“将上述财产兑换成现金，然后进行安全可靠的投资；用这份资金成立一个基金会，将基金所产生的利息分为五份。”

诺贝尔奖以基金会的形式运作。第一届诺贝尔奖奖金单一奖项的金额是 15 万瑞典克朗，这相当于当时大学教授 20 年的薪水总和，奖金并不低。第二届缩水到 14 万瑞典克朗，之后更是一届比一届少，在 1923 年时只有 11.5 万瑞典克朗，降到了历史最低点。诺贝尔在遗嘱中说，这笔基金要用于投资，产生的利息才能做奖金，不能动用本金。

诺贝尔奖奖金设立初期，由于基金会投资过于保守，投资所获得的利息无法抵御通货膨胀。

名词解释

基金会

基金会，是用个人或是企业、组织捐赠的财产，成立一个不以营利为目的的社会组织，这个组织对这笔财产进行管理和投资，唯一目的是为了公益事业。

世界上的基金会是从20世纪发展起来的。最著名的基金会，除了诺贝尔基金会外，还有美国的福特基金会、洛克菲勒基金会，以及由比尔·盖茨设立的比尔及梅琳达·盖茨基金会。

另外，基金会成立时并没有考虑到税收的问题，每年都要交10%的税，后来更是被翻倍收税。直到1946年，基金会才获得了免税的权益。到20世纪50年代，诺贝尔奖的基金规模已经缩水60%。

1953年，瑞典政府放开了诺贝尔基金的投资限制，诺贝尔基金不再只限于完全保本的安全投资，基金的规模重新增大。到2014年，它的资产规模已经达到原来的200多倍。

本金多了，每年的投资收益当然也会更高，现在诺贝尔奖的奖金金额总体上逐年提升。当然，每年的奖金金额也要视当年的投资行情而定。2012 年的投资行情不太好，诺贝尔奖单项奖金金额由上一年的 1000 万瑞典克朗降至 800 万瑞典克朗，2017 年又提升至 900 万瑞典克朗。接下来的几年，诺贝尔奖奖金都保持在 1000 万瑞典克朗的水平。

• 总结诺贝尔的一生

诺贝尔的一生是跌宕起伏的，他是一个发明家，也是一个成功的企业家。在他身上，“商业”是一个中性词，他发明、销售的炸药促进了工业的发展，提升了工业建设的效率，但同时也夺去了无数人的生命。

他不是一个普通的企业家，他从商业中获利，最后又把财富回馈给了造福人类的人才。诺贝尔奖自创立以来，几乎没有“放过”一个重要的科学家，对推动科学研究和造福人类起到了巨大的作用。

思考题

诺贝尔发明的炸药，让无数人丧生，同时也推动了工业的发展。他为了回馈社会，把钱全部捐出来建立诺贝尔基金会。你还知道哪些富豪，在事业成功之后捐出自己的财产？如果你有一笔巨额财富，你会拿来做什么呢？

跨界营销：轮胎巨头米其林与美食点评

商业，对我们普通人的生活影响，无外乎衣、食、住、行。一个伟大的商业明星，能不能同时在衣、食、住、行之间跨界，改变我们的生活？这样的案例并不多。米其林的伟大之处，就在于它能跨越交通和餐饮两个行业，即使放到互联网时代的今天，它的跨界也充满了创意。

现在我们选择餐厅，用的是网上的美食点评，其实这个方式并不新鲜，100 多年前虽然没有互联网，却已经有美食点评书了，这就是由法国米其林集团出版的《米其林红色指南》。

直到今天，每年发布的《米其林红色指南》在全世界都有着很大的影响力，被称为“美食界的圣经”。创造出这本红色指南的米其林公司，却不是一家餐饮公司。它是轮胎行业的国际巨头，副业才是做美食点评指引。这两个看似八竿子打不着的行业，是怎么被同一家公司做得风生水起的呢？

• 轮胎制造发家

米其林公司的创始人是一对兄弟——爱德华·米其林和安德鲁·米其林。1889 年，米其林公司诞生在法国的克莱蒙费朗，前身是一家农机厂，主要生产橡胶制品。

当时在法国，汽车还远远没有普及，人们出行主要依靠的是自行车和马车。当时的自行车轮胎是用实心橡胶和铁框做成的硬质轮胎，一旦出故障只能整个换掉，拆卸和维修十分麻烦。这个现象激发了米其林兄弟的商业创意，能不能设计出方便拆卸的轮胎呢？他们开始尝试。1891 年，他们成功地研制出 15 分钟内可以拆换的自行车轮胎，还申请了专利，米其林轮胎制造从此走上正轨。

1895 年，米其林兄弟又成功研制出了汽车充气轮胎，却遭到冷遇，没有哪家汽车厂商敢用他们的充气轮胎参加汽车比赛。当时的汽车即使采用实心橡胶的硬质轮胎，也经常因断裂导致危险事故发生，何况是空心的充气轮胎？

为了获得大家的信任，米其林兄弟想到了一个办法，既然没有汽车厂家敢用自家研发的轮胎，干脆就自己来设计、制造汽车，安装自家的充气轮胎，并亲自上阵参加了巴黎汽车赛事的比赛，结果一举夺冠。

当时，整个巴黎轰动了，米其林的充气轮胎被大家接受，并作为第一条汽车充气轮胎，被写进了历史。这为米其林公司日后的发展打下了坚实基础。

说到这里，大家发现，米其林兄弟是非常有商业思维的。他们不仅发现了可拆卸轮胎和充气轮胎的商机，还通过设计、制造汽车，用自己的轮胎亲自参赛来创造营销事件，让自己的产品一炮走红。

• 为什么要做美食点评

米其林公司在轮胎行业发展顺利，为什么要开辟副业搞美食指南呢？原来，米其林公司也有苦恼：轮胎太耐用，顾客买轮胎的频率太低。有什么办法让大家多开车，快速磨损轮胎呢？

米其林兄弟想了一个办法，专门雇人搜集全国各地的地图，把餐厅、加油站、旅馆、汽车修理厂等对汽车旅行有帮助的信息整理起来，并装订成册免费发放。这就是最早版本的《米其林指南》，它诞生于1900年，距今已有122年。

大家看到这本信息详尽、图文并茂的旅游指南，自然而然就会产生开车旅游的冲动。

《米其林指南》是米其林旗下美食及旅游指南书籍的总称，其中以评鉴餐厅及旅馆，书皮为红色的“红色指南”影响力最大，现在大家提到《米其林指南》，一般指的都是每年发布一版的“红色指南”。

从1926年开始，米其林指南开始用“星号”来标记餐厅的受欢迎程度，这就是现在米其林星级饭店说法的由来。星星越多，评级越高，米其林三星是最高级别的评价。

据说，米其林雇用了许多专职的美食界专业人士作为美食“特工”，前往不同的餐厅品餐和点评。“特工”身份要绝对保密，甚至连自己的家人都不能透露。

每个美食“特工”平均每年要完成240次品餐，130次住宿检查，800次参观检查。对于有星级的餐厅或酒店检查会更频繁，每到一家餐厅，就要对餐厅的装修品位、餐具质量、服务态度、烹饪和装盘技术等一一进行评判，写出总结。

每年一度的米其林大会对搜集的信息进行汇总，由此评出星级餐厅。据说出版一本小小的《米其林指南》，要500个人协同工作。正因为对质量如此把关，每年《米其林指南》的发布，都像是餐饮界的奥斯卡颁奖礼一样，备受关注。

中国版的《米其林指南》最早出现在2008年，当时只有香港和澳门两个地区的版本。2016年，《米其林指南》进入中国内地市场，陆续发布上海版、广州版、北京版和成都版。

能获得米其林评星的餐厅，往往意味着收入和名气的暴涨。据说每一颗星的增减对餐厅的流水收入影响巨大，甚至可以达到百万欧元的波动，折算成人民币，那就是千万元级别了。

靠着出版《米其林指南》，米其林公司既提高了轮胎的销量，又在其他领域产生了巨大的影响力，宣传了自己的品牌。这样的跨界营销可以说非常成功。

米其林成功的核心原因在于，他发现用户除了买轮胎外，还有潜在的驾车旅游的需求。只有打通同一批消费者完全不同的两种需求，才能达到“1+1>2”的效果，这恰恰是跨界营销成功的关键。

企业要想跨界到其他领域，必须从自己原先的领域中找到和新领域的共同之处，融合已有优势，创造新产品、新服务，或者展现一种新态度和审美，而不是随便跨界。

定位理论

这里涉及一个很重要的商业营销理论，就是定位。定位理论是由美国著名营销大师艾·里斯和杰克·特劳特提出的，他们认为，品牌的定位就是要占领消费者心智中最有利的位置，成为这个品类的代表品牌。

比如，在我这代人的印象里，一提“怕上火”就会想到王老吉饮料；一提到“去头屑”，就想到海飞丝洗发水。这就是清晰的品牌定位。

成功的跨界，应该是对原来品牌定位的扩充。比如，看到了轮胎，就想起了驾车旅游，再进一步想到了旅程中的美食；看到了故宫，就想到了传统之美，再进一步想到了具有传统之美的文创品。

在营销界也有一些跨界失败的案例，比如曾经很火的“霸王”中药洗发水，也想推凉茶，但是怎么都做不起来。因为，大家觉得这个品牌的凉茶怎么喝都好像有一股洗发水的味道。

说到好的跨界营销，需要什么条件呢？

第一，敢于创新，赶上时代的潮流，抓住年轻客户的心。

第二，要清楚品牌的定位，找到跨界领域之间的共同点，做品牌定位的自然延伸。

第三，最重要的一点，跨界后依然要保持出品质量。比如，米其林为了出红色版的指南，投入巨大，保持了和主业轮胎一样极高水准的品质。

营销是商业活动中的重要组成部分，产品要“出圈”、要占领市场，营销必不可少。营销也是一门非常有意思的学科，你们如果对这个领域有兴趣，可以多多关注身边的营销案例，试着思考、分析哪些品牌的营销做得好，哪些做得不好，原因是什么。也许，未来你也会成为一个营销界的“大咖”。

思考题

在我们身边也有很多跨界的商业案例，这些企业的主业是什么，现在它们跨界做什么？你能找出来，并说说它们为什么这么做吗？你觉得它们的跨界会成功吗？

神级收购：从米老鼠开始的梦幻王国

日常生活中，除了学习和工作，我们花费在哪方面的时间最多？我想一定是娱乐。娱乐行为，不但能够创造商业价值，而且能够让人充满激情地再次投入工作。对于小朋友来讲，好的娱乐也能开发心智。

是哪家世界级的大公司利用伟大的商业创意，真正改变了现代娱乐行业，并且延续至今？我们一起来了解很多人的好朋友——迪士尼的故事。

提起迪士尼这家公司，所有人都不会陌生。

爸爸妈妈不会陌生，他们是看着迪士尼的动画片《米老鼠和唐老鸭》《猫和老鼠》长大的。这些经典动画片，现在的孩子可能也在看。《阿拉丁》《花木兰》《冰雪奇缘》，这些新的迪士尼动画片，则是现在孩子们的新宠。

2022 年 4 月，虽然受两年多新冠肺炎疫情影响，迪士尼的市值依然有大约 2100 亿美元，相当于 2021 年希腊一个国家的 GDP 总值，它的最高市值曾经达到 3500 亿美元。

迪士尼的产品，基本都是给孩子看、给孩子玩的，为什么会这么赚钱？我们一起来看看迪士尼公司发展的历程，以及他们究竟做对了什么事情。

• 曾经差点儿破产

迪士尼的故事，是从一只米老鼠开始的。米老鼠的“爸爸”就是迪士尼公司的创始人华特·迪士尼（Walt Disney）。他是一名画家，也是一名出色的动画制作人。1923 年，华特和哥哥一起在好莱坞创立了迪士尼兄弟制片厂。

那个年代，动画片只是影院里电影开播前短短几分钟的附属影片。但是，华特却把动画片从短片变成了动画电影的艺术形式。米老鼠让华特·迪士尼获得了第一座奥斯卡奖。奥斯卡奖是世界最高级别的电影奖项之一，华特·迪士尼一生中获得过26次奥斯卡“小金人”，是迄今为止获奖最多的电影制片人。

虽然华特在20世纪三四十年代创造了一个动画片的黄金时代，但是迪士尼兄弟制片厂在商业上却不成功，还差点儿破产。

迪士尼拍动画电影《白雪公主》时，费用远远超支。后来又遇到第二次世界大战，电影票房大受影响。那段时间，华特欠了银行几百万美元的债，靠银行大佬网开一面才熬过去。

• 首个迪士尼乐园

逆境激发了华特的商业天赋。战后当迪士尼制片厂走上正轨后，他又开始策划另一个项目——迪士尼乐园。

1955年7月17日，第一个迪士尼乐园在美国加利福尼亚州开业，这也是世界上第一个主题乐园。

这个伟大的创意，在于把原来只有电影上才能看到的动画形象，变成了乐园中的设施、景点、真人人偶形象，游客既可以游玩，也可以和这些动画形象人偶合照。用今天的话来说，是动画形象IP化的开始。

名词解释

IP

Intellectual Property 的缩写，字面粗译为“知识产权”，特指具有长期生命力和商业价值的跨媒介内容运营。比如，出名的文学、影视、动漫、游戏、玩具类的作品。

1966 年，华特去世。迪士尼电影制片厂缺少了这个灵魂人物，没多久就开始走下坡路。但迪士尼乐园的发展却非常迅速，非常赚钱。

20 世纪 80 年代，迪士尼乐园从美国扩张到全世界，有了东京迪士尼、法国迪士尼。2005 年，香港有了迪士尼乐园。2016 年，上海迪士尼也开业，而且成为世界上最赚钱的迪士尼乐园。

• 成功收购卢卡斯和漫威两家公司

我的大儿子乐乐小时候很喜欢去迪士尼。我们住在广州，去香港迪士尼乐园很方便，有一年干脆办了一张年卡，每次都玩得流连忘返，许多玩乐项目甚至不看地图都能找到。

一年过去了，我问儿子："明年还要办年卡吗？"他摇摇头："不来了，玩够了。"我们每次去香港迪士尼，看到的都是米老鼠、白雪公主、睡美人、狮子王、玩具总动员等，已经有了审美疲劳。可是，有一年我们去日本东京的迪士尼乐园，儿子惊喜地发现有星球大战相关的主题游乐设施，他又兴奋起来：原来迪士尼乐园里的项目是不断更新的。

2019 年，美国的两家迪士尼乐园增加了星战主题乐园，漫威主题乐园也在筹建中，乐乐听到后兴奋得摩拳擦掌，非常向往。如今，迪士尼乐园的"粉丝"不再局限于小孩，还成为"星战迷""漫威迷"朝圣的天堂。

自从华特去世后，迪士尼动画制片厂开始走下坡路。尤其是拍了几部恐怖电影，票房都不太好，和过去的动画电影制作路线背道而驰。

但是，最近十几年，迪士尼连续进行了几轮出乎意料的操作。

第一轮操作。迪士尼 2006 年收购了乔布斯创立的皮克斯影业公司。大家知道，苹果公司就是乔布斯创建的。当时皮克斯已经拍摄了著名的动画片电影《玩具总动员》和《海底总动员》，创造了一批新的动画形象。迪士尼最终以 74 亿美元收购了皮克斯公司。

第二轮操作。2009 年，迪士尼以 42 亿美元的价格买下了漫威公司。现在看，真是以超级低的价格收购的。迪士尼收购漫威公司后的10 年里，用漫威人物形象拍摄的电影，票房已经达到 200 多亿美元。迪士尼买下漫威公司，真是赚翻了。

漫威原来是一家创作漫画的公司，它的辉煌比迪士尼有过之而无不及，它创造了 5000 多个漫画角色，但是由于纸质漫画行业走下坡路，漫威公司手里的漫画角色没有办法实现商业价值，漫威公司差一点儿就破产了。

2008 年，漫威公司说服银行给他们贷款，拍摄了《钢铁侠》这部电影。一开始谁都不看好，结果却一战成名。电影上映的第一个周末，《钢铁侠》就获得了近 1 亿美元的票房收入，之后又在全球范围内获得了近 6 亿美元，也就是 41 亿元人民币的票房收入。

一年后，也就是 2009 年，迪士尼就买下了漫威公司，这 5000 多个角色就归迪士尼所有了。

第三轮操作。2012 年，迪士尼花 40 亿美元收购了拥有《星球大战》IP 的卢卡斯影业公司，这也是星球大战的人物形象会出现在迪士尼乐园的原因。

因为这一系列的神操作，迪士尼公司拥有了《玩具总动员》、漫威动画和《星球大战》的 IP。

这些形象除了用来拍电影外，都进入了迪士尼乐园，还被制作成玩具卖给游客，给迪士尼乐园注入了新的活力，大大拓展了乐园的游客人群。

2019年，迪士尼光主题乐园和周边的消费品及体验等的收入，就已经达到262亿美元。

为什么迪士尼有了这么多IP，就会有持续不断的赚钱能力呢？有一个奇特的观点认为，原因是这些虚拟的动画IP不会要求涨工资，但真人电影的演员的片酬会涨价，所以，当然是动画电影更赚钱。尤其像迪士尼通过收购，获得了那么多IP形象，相当于囤了一堆不会涨价的演员。

现在20多岁的年轻人，几乎都是看着漫威的《X战警》《钢铁侠》长大的，尤其是男生，几乎每一部漫威电影出来，无论拍得好不好，都要去捧场，这成了他们青春记忆的一部分。

• 为何中国动漫的IP这么少

我曾经问过儿子："你对漫威的电影很熟悉，但你能想起来中国有哪些动漫IP吗？"儿子想来想去说："《哪吒》就不错，还有《大圣归来》也可以，小时候还看过《大闹天宫》。"

《大圣归来》《哪吒》《大鱼海棠》《雄狮少年》等原创的动画电影是很好的开始，未来中国会不会有更具想象力、能走向全球的IP出现？有更多能展现中国传统文化、蕴含科学知识的剧情出现呢？

我们现在处于经济全球化的时代，全球化天生就能促进创新与进步，它可以提高生活水平，能给贫困地区带来致富的希望。但是，全球化也不完美，它会让流行病传播得更快速。

文化的全球化交流，会让一些文化像病毒一样扩散到全球，甚至会挤占本土文化。只有一个国家的年轻人更有创意，从本国的传统文化中创造出新的IP，创新性植入像电影、乐园这样的文化娱乐产业中，才能不断提升传统文化的竞争力。

米老鼠、唐老鸭，还有漫威的那些漫画角色，都曾经濒临消亡，但在新的商业运作下，又焕发出新的生命力，我们应该也可以。

思考题

中国故事中也有很多IP，却没有像漫威英雄、爱莎公主一样，拥有全球知名度。如果你是动画从业人员，你打算怎么做呢？建议不成熟也没有关系，从小就思考才是最重要的。把你的想法记下来，说不定未来会实现。

标准化：吃遍全球，多亏这“铁箱子”

要想真正提升交换效率，最好的办法就是在全球范围内进行互惠互利的交换，这就是全球化的意义。我们生活在一个全球化的时代，现在或许因为新冠肺炎疫情，全球化进程被迫放缓，可是没有人能够否定全球化的商业运作对铸造今天的生活至关重要。

“全球化”并不是一个虚幻的名词，它是由一个个伟大的商业明星、伟大的发明家，还有工程师共同铸造的。

你们吃过智利的车厘子吗？品尝过来自泰国，可能一开始有点儿吃不惯的、味道臭臭的、又很香的榴梿吗？你们在餐馆里品尝过来自日本的牛肉吗？

中国孩子和普通家庭，能够品尝到来自世界各地的普通特产，是近几十年的事情。真正能让我们吃得起这么多进口的、好吃的食物的根本原因，并不是交通工具，而是一个大铁箱子。

这个大铁箱子，有一个专有名词，叫作“集装箱”。集装箱一点儿也不神秘，它就是海上运输时，放在轮船上用来装载货物的箱子。

这些看似普通的铁箱子，竟然被认为是人类历史上最伟大的发明之一。它们之所以能够改变世界，因为它们是标准化的。

伟大的商业创新和发明，可能就是因为一点点小的改变和数十年的坚持。

这些箱子的发明人是马尔克姆·麦克莱恩(1913—2001)，他设计了现代集装箱的雏形，大家尊称他为“集装箱之父”。

卡车司机的发明

真正的集装箱出现之前，早就有不少国家的运输公司尝试用大箱子来运货。

在19世纪晚期，英国、美国的铁路公司就有把家具放在木箱子里的运输服务，后来其他国家也纷纷模仿跟进。

1945 年，第二次世界大战刚结束时，国际贸易因战争饱受摧残，几乎为零。远洋航运业，为了降低运输成本，开始尝试使用大箱子运输，但并没有有效降低成本。因为，当时的箱子大小不一，装货数量有限，每次装卸货的步骤太多，还要支付高昂的码头工人工资和港口停靠费用。

很多人觉得，用这种大箱子运货没啥前途，这个时候麦克莱恩登场了。1955 年，麦克莱恩 42 岁，当时他已经是一家很成功的卡车运输公司的老板。他的成本意识很强，削尖脑袋都要节约成本。为了减少运输时间，他花大力气规划运送的路线；为了节省人力，他还开设了自动化的货运站。

当时，尽管公司经营得不错，但是麦克莱恩还是很焦虑。一方面，政府开始限制公路运输的重量，征收重税；另一方面，高速公路经常堵车。这些因素导致卡车运输成本增加。

麦克莱恩肯定看到了远洋货轮上那些大小不一的箱子，他脑海里涌出一个点子：如果设计一种标准尺寸的箱子，就可以更方便地在各种交通工具以及码头车站上拆装和卸货，让卡车和轮船更好地协作运送，这样就能节约大量成本。

经过核算，按照他的想法，新的标准化箱子可以节省 90% 以上的运输成本。他马上着手改进箱子，最终敲定了一款 33 英尺（约为

10 米）长的箱子。这种箱子不但容量大，而且选用的材料坚固，尺寸统一，能够堆放，易于装卸，还能装防盗锁，这就是现代集装箱的雏形。

有了这个看似不着边际的商业创意，麦克莱恩说干就干，卖掉了自己的卡车运输公司，又申请了 4200 万美元的贷款，买下了一艘游轮，把它改造为专门装载集装箱的巨型轮船。

1956 年 4 月，麦克莱恩的货轮装载着 58 个满载货物的集装箱，从美国新泽西驶向了南部的休斯敦，这是人类历史上第一艘集装箱货轮。从此，世界海运就进入了集装箱运输时代。

• 降低成本的秘密

以前没有集装箱运输，货物都是散装的，就算有箱子，大小也不统一，靠码头工人装卸，人力成本很高。人力有限，装卸时间长，船舶停在港口等待装卸的时间就更长了，船舶的停靠费和货物的存储费都需要钱，这些费用几乎占整个海运成本的一半。

有了集装箱运输后，这些动辄几吨的大箱子，从运送到码头、搬运上船、卸货，再接驳至卡车，发往各地，整个过程大部分不需要人力，可以通过机器完成。周转效率大幅提升，船舶的停靠费、搬运费以及码头的仓储成本全部可以降低。

但要想实现这个流程，卡车、仓库、货运、拖车、吊车，必须有共同的特点——适配标准尺寸的集装箱，整个运输过程才能实现无缝链接。集装箱所带来的标准化的改造还不止这些，后来连铁路、公路、桥梁、隧道等道路设施，都会兼容统一的集装箱尺寸要求。

集装箱给整个交通运输行业带来了共同的标准，逐步适应共同标准的过程就叫标准化。标准化是现代商业思维的一个重要组成部分，不仅应用于交通运输行业，而且应用在所有的商业领域。

• 集装箱标准之争

时间回溯到1956年，麦克莱恩的货轮成功航行，并没有马上点燃人们对集装箱运输的热情。

保守的卡车货运公司、海运公司、码头工人都非常抵触集装箱，认为集装箱运输模式会抢走他们的生意和工作，于是经常发起罢工，甚至给政府和企业施压。

集装箱标准化的想法当然好，但是标准谁说了算？当时，不同国家甚至同一个国家的不同交通系统，运输的箱子大小不一、材质各异，互不兼容，为此美国和欧洲吵了十几年的架。

麦克莱恩预见到，集装箱大规模普及后，运输需求会成倍增加，整个市场的“蛋糕”会进一步做大。于是，他果断放弃了自己的集装箱专利，让美国把自己的集装箱标准作为方案，提交给国际标准化组织，与欧洲人的方案进行竞争。最终，由于全美国统一了集装箱的标准，美国标准在竞争中获胜。

1970 年，国际标准化组织终于发布了第一份国际集装箱标准，从此全球大多数国家都开始投入巨额资本，开展集装箱运输行业，麦克莱恩的标准也成了全球的标准。

从 1956 年到 1970 年，麦克莱恩为集装箱标准化努力了 14 年。

交通运输是现代经济的骨架，集装箱是骨架中坚强的关节，它使运输流程中的衔接更加标准化，效率更高，从而推动了全球经济一体化的进程。

现在地球上任何地方的产品，都可以放进集装箱，快速而廉价地运送到地球的另一端。

像日本、新加坡这些自然资源贫乏的国家，可以很方便地从资源丰富的国家进口原材料进行再加工。我国之所以能在 20 世纪八九十年代成为世界工厂，大量进出口产品，也离不开大型集装箱的运输。

看看我们身边，你的某件衣服的拉链可能来自义乌，布料来自杭州，生产地却是东南亚；妈妈可能用着从欧洲进口的护肤品；爸爸喝着澳大利亚的原装葡萄酒。

所有这一切能够物美价廉地出现在你们家，都与集装箱广泛应用密不可分。一个看似普普通通的铁箱子，就这样改变了我们的生活。

我们在享受标准化集装箱带来的便利生活时，也不妨思考：既然标准能够让世界大同，让大家更加开放和包容，我们面对既定的标准和新兴行业的标准，应该秉持什么态度？

首先是开放、包容地接纳既定的标准，哪怕为此要付出一定的成本，毕竟开放才能融入世界主流。比如，我们国家经过多轮谈判才加入 WTO，就要遵从既定的贸易标准，这样才能以开放的姿态走向全世界，也迎来我们过去几十年的经济发展。

但在新兴领域，比如电动车、5G 通信技术等，如果我们能锐意进取，成为行业标准的制定者，未来在全球享受制定标准的红利，也会为中国未来经济进一步腾飞，甚至引领世界打下基础。

名词解释

长维轮

目前，全球集装箱货轮已经有 6300 多艘，其中最大的集装箱货轮叫“长维轮”。它隶属于我国台湾地区的长荣海运公司，可以装下 2.4 万个集装箱，容量是当年麦克莱恩建造的第一艘集装箱货轮的 400 多倍。

思考题

观察你身边的麦当劳、肯德基等快餐业，思考他们是如何通过标准化赚到钱的。在我们身边还有很多行业没有标准化，你觉得哪些有可能因为标准化而焕发新的力量，有哪些是永远无法标准化的？

一切皆可卖：商业和体育的完美结合

我们来思考一个问题：有哪种全球性的活动，能够不分种族、国籍，吸引所有人的目光？是战争、政治、音乐、艺术？这些恐怕都很难同时吸引所有人的目光，因为立场不同，文化不同。但有一类活动能让全人类放下争端，在同一时刻聚集到同一个地方，这就是大型体育盛会。

在各种各样的体育盛会中，最成功的要数奥运会了。它吸引了全球的目光，也衍生了大量的商业利益。能够维持奥运盛会的举办，本身也是靠商业的推动。新冠肺炎疫情下，东京奥运会被迫延期，中国的冬季奥运会坚持举办，奥运经济背后的商业运作牵涉的商业利益，对一个国家的影响巨大。

受新冠肺炎疫情的影响，2020 年的东京奥运会延期至 2021 年举行。这是 100 多年来，在举办奥运会的历史上，第一次出现延期。

很多新闻媒体在报道中，纷纷表示担心日本经济将会受到极大的影响，损失可能很大。我儿子看了这则新闻，问了我一个问题："爸爸，奥运会不就是全球高水平体育比赛吗，有很多厉害的选手和体育明星去参赛。它延期跟经济有啥关系啊？"

孩子的问题代表了很多人的想法。其实，最近 40 年以来，举办奥运会的意义已经不再是"全世界最大的体育运动会"这么简单了，它后面承载着很多商业利益，我们称之为"奥运经济"。

• 中国首个奥运选手

奥运会的全称是"奥林匹克运动会"，是全世界最大的体育运动会，起源于古希腊。现代奥运会实际是从 1896 年开始的，距今已经有 120 多年，多数情况下是每 4 年举办一届。有 3 次奥运会因为战争被取消：1916 年柏林奥运会因为"一战"取消，1940 年东京奥运会和 1944 年伦敦奥运会由于"二战"爆发而取消。

谈到现代奥运会，我们必须记住一个人，他就是法国的教育家顾拜旦，被称为“近代奥林匹克运动之父”，也是“奥运五环”标志的设计者。

在顾拜旦的推动下，第一届现代奥林匹克运动会于 1896 年在雅典举行，有 13 个国家共 311 名运动员参加了这次奥运会。当时的中国还处于清朝时期，没有参加首届现代奥运会。

中国首次参加的奥运会，是 1932 年在美国洛杉矶举办的第 10 届奥运会，当时有一名短跑运动员代表中国，第一次站在了奥运会的跑道上，他的名字叫刘长春。

当时，刘长春从上海坐邮轮，在海上颠簸了 20 多天才到了美国洛杉矶。他本来报名参加三项短跑比赛，后来因为路途太辛苦，只参加了 100 米和 200 米两项短跑比赛，放弃了 400 米的比赛。有一部电影叫《一个人的奥林匹克》，说的就是刘长春千辛万苦参加奥运会的故事。

•“尤伯罗斯模式”

既然奥运会是和平和友谊的象征，是不是每个国家都特别欢迎举办奥运会呢？还真不是。因为举办奥运会，实在太花钱了。

比如，1976 年加拿大蒙特利尔为了举办奥运会，花了十几亿美元，欠了一屁股债，用了30多年时间才还完。这次办奥运会的经历被命名为“蒙特利尔陷阱”。

1978年，美国洛杉矶获得了1984年夏季奥运会的举办资格，但那一年，洛杉矶所在的加利福尼亚州通过了一项法律，规定不准动用公共资金举办奥运会。国际奥委会只好被迫作出巨大让步，破天荒地将洛杉矶奥运会交给私人企业来筹办，否则就只能取消。

洛杉矶奥运会组委会找到喜欢体育的彼得·尤伯罗斯救场，任命他为组委会的主席。当时，彼得经营一家主营运输和旅游的公司。彼得勉强答应了，他卖掉了自己的公司，筹到了1060万美元。

加拿大蒙特利尔奥运会花了十几亿美元，洛杉矶奥运会再怎么省，也要四五亿美元吧，上哪儿去筹这么多钱呢？彼得不愧是商业高手，他不仅让洛杉矶顺利举行了奥运会，还赚了2亿多美元。

彼得做了几件前人从来没做过的事情：

第一，奥运会门票从免费变成收费。1984年之前，奥运会门票是白送的。彼得把每张门票定价为50～200美元售卖。

第二，奥运会电视转播权从出售改为竞价拍卖。奥运会主办方允许电视媒体把比赛拍下来，制作好放在自己的电视频道里播出，为此电视媒体要支付给奥运会主办方一笔转播费。1984年之前，奥运会也卖电视转播权，但价格不高。彼得让各家电视公司竞价购买转播权，价高者得。

第三，开创了奥运“独家行业赞助商”模式。

奥运会本来就是吸引眼球的事，哪个企业成了奥运会赞助商，就会被更多的人知道，这背后蕴藏着巨大的商业利益。彼得很精明，他决定洛杉矶奥运会只接受 30 个赞助商，赞助金额最少 400 万美元，每个行业只挑一个赞助商，比如可口可乐和百事可乐，都是卖饮料的，谁出价高，谁就能成为奥运会饮料行业的独家赞助商。

这就让大家觉得，这个独家赞助商的称号很稀缺，要靠争取才能拿到。当年，可口可乐为了打赢百事可乐成为饮料行业独家赞助商，付出了 1260 万美元赞助费，比上一届奥运会获得的所有赞助费总额都高。

彼得还设立了其他名目来赚钱，例如，观众赞助 2.5 万美元，就能每天在最好的看台位置观赛；过去只有优秀运动员才有资格传递圣火，现在只要花 3000 美元，普通人也能去参加火炬接力……

彼得的奇招概括起来，就是把奥运会变成了商业项目，一切皆可卖。

最终，他筹到 7 亿美元，请来了 140 个国家参赛，打破了奥运会的历史纪录。1984 年洛杉矶奥运会不但没赔钱，还赚了 2 亿多美元。彼得开创了奥运会运营史上的成功范例，他神一般的商业运作被称为“尤伯罗斯模式”。

后来，很多国家看到了“奥运经济”的商机。举办奥运会本身可以赚钱，后续还能带动当地的旅游，提升国家和城市形象，奥运会又开始成为“香饽饽”。

高风险的奥运会举办权

不过，举办奥运会实在是一个高风险的项目，因为现代奥运会的规模太庞大了，承办城市要花的钱太多，往往会对当地的经济产生重大影响。比如，为了举办 2004 年的雅典奥运会，希腊人就亏惨了。

希腊投入了 70 多亿欧元，约等于 500 多亿元人民币，建了大量的场馆和基础设施，虽然在建设阶段提升了就业率，可是奥运会结束后一切恢复原样。原来为了奥运会建设的几十个场馆，杂草丛生，几乎荒废。甚至有人认为后来发生的希腊经济危机与举办奥运会脱不了干系。

2020 年东京奥运会延期到 2021 年举办，因为疫情原因还空场举办，没有观众，光是门票收入就损失了约 8 亿美元。

后来，最终数据出炉，2020 年东京奥运会和东京残奥会共耗资 136 亿美元，据报道，收入有 72 亿美元。也就是说，办了一届奥运会，东京共亏损 64 亿美元。

举办奥运会风险这么大，现在一些国家还是争着举办，是因为能够成功举办奥运会，是体现国家综合实力的好机会，也是传播文化的机会。

以2008年的北京奥运会为例，虽然为了接待来自全世界的选手和工作人员，要扩建首都机场，要专门为了奥运会兴建高速轨道，改善北京和其他区域流通而新建、扩建铁路、公路等，这些都需要花大钱。

然而，在北京奥运会之前，许多外国人对中国不了解，通过奥运会，他们看到中国强大的经济、科技实力，改变了对中国的看法，这对奥运会后十年里中国经济的发展有非常大的作用。

2021年的东京奥运会，原本也被日本政府视为日本经济再次腾飞的契机，只是没想到被新冠肺炎疫情影响了。

看来，举办奥运会具有多面性，可能会像加拿大蒙特利尔和希腊雅典一样巨亏，拖垮当地经济几十年；也可能像2021年的日本东京奥运会一样，被疫情影响损失巨大；当然也可能像1984年的洛杉矶奥运会、2000年的悉尼奥运会、2008年的北京奥运会那样，带来正向的经济效应。

可见，即便是影响全球的体育盛会，成败的关键也与商业运作和市场氛围密切相关，我们还能说商业不重要吗？

思考题

商业和体育原来是不相干的行业，结合之后产生了新的商业模式。过去，文化、艺术、体育等都被认为是不可商业化的，现在纷纷商业化了。先不分析利与弊，你们觉得现在还有哪些行业有商业化的可能性?

第一性原理：马斯克只做最难的事

商业不但塑造了我们过去的生活，还直接影响了我们对未来的预测，或者说影响了我们对未来生活方式的想象。现在，科技界有一句经常说的话叫“未来已来”，是什么样的人通过商业方式把未来变成“已经到来”？

或许，从炙手可热的商业明星埃隆·马斯克身上，我们可以看到心无旁骛、只为改变世界的商业思维到底有怎样的原型。

特斯拉的掌门人埃隆·马斯克，是一个怼天怼地的人，最有名的一次，就是怼了全球著名富豪、金融巨头沃伦·巴菲特。马斯克说，巴菲特的工作虽然重要，但也很无聊，像巴菲特那样从事金融行业的人应该更少一些，大家应该聚焦创新，从事制造行业。

马斯克为什么有资本说巴菲特？因为他本身是一个实干型的工程师，也是一个科学家，他所经营的企业都是通过制造来改变世界的。这些产品一开始都不被看好，例如可回收火箭、电动车、清洁能源等，但是他通通做到了。

到 2022 年 4 月底，他的身家已经达到 320 亿美元。2022 年 4 月，美国《时代周刊》（*Time*）发表封面文章称，马斯克是一名理想的未来主义者，一直致力于解决他认为的人类最大的问题。

第一性原理

马斯克怼巴菲特，倒不是他对巴菲特本人有什么意见，而是他认为巴菲特拥有这么多财富，又有聪明才智，可是干的事太简单了。

埃隆·马斯克一直认为，要改变世界，就要做最难的事。

我们数数他做过什么事：开始创业时，他开了一间互联网移动支付公司，这就是 PayPal 的前身，也是支付宝借鉴的对象。此后，他收购了一间濒临破产的电动车公司，在大家都不看好电动车的时候，他做成了世界上最大的电动车公司。特斯拉目前是电动车行业的“代言人”。

后来，他又建了一家太阳能公司，想让美国千家万户摆脱过去的用电来源；成立了一家火箭发射公司，用民营的力量解决火箭的反复回收问题；据说他还要开通一条高速隧道，时速将高达每小时 1600 多千米。

大家听到这些事是不是感觉匪夷所思、难度很高？但是，马斯克之所以有信心做这么难的事，这就不得不提及他的思考方式——第一性原理，这也是创业者可以参考的一种思考方式。

所谓第一性原理，就是凡事直接去想这件事最根本的源头。有点像同学们做数学题时，永远都是从最基本的几个规则出发进行推证，推出的真理就比较可信。

现实生活中，大多数人不是这样想的。比如，巴菲特研究投资经常用的就是类比性原理，通过之前发生过的类似状况，预估现在的投资收益。

我们现在已知时速最快的高铁大概是六七百千米，如果通过类比来预估提速空间，高铁的时速能够再增加 100 千米就算是巨大突破了。可是马斯克的想法不一样，他会想，通过什么方式让一个物体能够达到很高的速度？人类目前可以实现的最快速度是多少呢？火箭的速度可以达到每小时几千千米，那为什么陆地上的物体行驶时速度不能达到 1000 多千米呢？

看到这样的思考方式，是不是觉得这事就不是太难了？这两种思考方式的区别就是第一性原理和类比性原理之间的区别。第一性原理往往可以做出更加伟大的改变。

• 特斯拉汽车掌舵人

我们再看看马斯克的第二个项目，就是大家非常熟悉的电动汽车特斯拉。

美国新汽车工业中，最重要的就是特斯拉。特斯拉现在是世界上最有价值的汽车公司，马斯克是特斯拉的掌舵人。特斯拉率先研发出了性能稳定的节能电动汽车。刚开始，没有人相信电动车能成为未来的主流，可埃隆·马斯克却坚定地相信这一点。

现在特斯拉已经成为未来高科技的标杆，也推动了汽车行业的变革。据彭博新能源财经（BNEF）预测，2022 年 6 月，全球新能源汽车保有量将突破 2000 万大关，而 2016 年全球仅有电动车 100 万辆，6 年增长 20 倍。中国是电动车保有量最多的国家，占 46%。目前，上海的特斯拉超级工厂是全球最大的电动车生产中心。

目前，全球轻型乘用车保有量约为 12 亿辆。到 2022 年年底，电动汽车的保有量只有 2% 以上，从燃油车向电动车的转型才刚刚开始。

马斯克不仅经营汽车企业和太空运输企业，而且早在 2006 年，马斯克就参与创立了太阳城公司（SolarCity），这家公司利用光伏技术生产太阳能屋顶板来发电，从而制造洁净能源。

光电效应，是爱因斯坦在 1905 年通过一篇论文提出的。如今这个理论被广泛应用，产生了巨大的商业价值。如果当时爱因斯坦把这个想法应用到生产中，不知道要赚多少钱。

• 志在改变世界

埃隆·马斯克并不是不懂金融，虽然他的志向在于太空探索、清洁能源领域，但他恰恰是从金融行业赚到了人生第一个 1 亿美元。

他在 20 多年前，创办了一个叫 X.com 的项目，2000 年时该项目改名为 PayPal，今天中国最大的互联网金融企业支付宝就是模仿这个项目起家的。马斯克后来把它卖了，挣了 1.65 亿美元。

他的兴趣很快转到太空探索、清洁能源领域，把之前赚到的财富投入到这两个领域中。到现在为止，他仍然在这些领域中探索。

那么，马斯克为什么要评判巴菲特呢？他的观点是，并非只有金融业才能赚大钱，如果把制造业做到极致，也一样有巨大的商业价值，而且既能改变世界，又能创造财富。

巴菲特是金融界的"大牛"，长期占据全球富豪榜前十位。他从小就学会了分析公司的发展前景，分析各家公司的股票价值，现在是全球最大、最成功的投资者，可他并没有真正做过实业。

金融是通过对社会财富的再次分配，把社会财富分配给更有潜力的行业和企业，也很重要。比如埃隆·马斯克即使再厉害，如果他融不到资，他的所有奇思妙想也实现不了。

金融是人类发明的一种知识体系，在现代社会，人和人之间、公司和公司之间、公司和人之间发生联系的时候，都必须面对这个体系。我们要了解它，但并不代表每个人都要从事金融行业。

如果人人都去做金融，人人都把它当作快速致富的路，都想去再次分配资源，那么谁去做那些能够改变未来的事呢？谁去做底层的研究呢？皮之不存，毛将焉附？金融行业的资源都分配给谁呢？

马斯克评判巴菲特的言下之意是：你如果很厉害，你就参与改变世界，不要只是看着别人改变世界的进程，想着从中分一杯羹。

巴菲特倒是一个非常豁达的人。2022 年 4 月，90 多岁的他在接受采访时，盛赞了马斯克：“他仅仅凭借一个主意就能挑战通用、福特等整个行业，而且他还赢了。”

延伸阅读

可回收式火箭

马斯克的第一个震惊全世界的项目，是他领导的SpaceX公司，制造出了可回收式太空火箭。

20世纪60年代，世界两大巨头苏联和美国都曾有宇航员进入太空。苏联的加加林是世界上第一个进入太空的人，美国的阿姆斯特朗第一个登上了月球。60多年过去了，人类的太空梦迟迟没有进展。

过去，从建造火箭到发射火箭，一次要花费上亿美元，即使后来技术进步，发射一枚火箭到太空上，至少也要花费七八千万美元。打造一枚火箭，需要科学家们花多少时间和心血？需要多少高级材料？这些可都是钱呀，打造出来的火箭还是一次性的，真的太费钱了。

埃隆·马斯克觉得，太空移民计划进程太慢，他想加快步伐，又不想花那么多钱去买火箭和发射火箭的服务。他想，别人造不出可回收利用、降低成本的火箭，干脆自己来制造。

马斯克创立了太空运输公司SpaceX，带着科学团队开始火箭研发之路。经过了6年时间，3次发射失败过程，2008年，在马斯克的带领下，第一枚由民营公司研发的可回收利用火箭成功发射。

这也给他带来了巨大的商业价值。火箭有一个重要的用途是发射商用卫星。在我们地球的外层空间，有大量的人造卫星，因为每个政府，甚至一些企业都要用卫星来做全球通信的重要工具，卫星的信息传输效率比铺设光缆的成本低得多，效率也更高。

火箭可以回收利用后，发射一次火箭的成本从几千万美元降到了几百万美元。

思考题

作为同样伟大的商业明星，马斯克和巴菲特的观点很不一样。搜索新闻看一看，你能不能从他们的各种谈话中，找到说得不对的地方呢？就算看法不全面，我也鼓励你说出来。

大家千万不要以为，商业思维只能用于创立大企业，动辄做数百亿元、数千亿元的大生意，继而改变世界。亚当·斯密在《国富论》这本商业巨著中所尊敬的，就是商业运作中的每一个微观个体。他认为，每一个个体在日常生活中，不断被商业思维所驱动，或者做错事或者做对事，最终写下了人类发展的商业史诗。

我们在日常生活中，如果经常用商业思维去思考，在每一次决策中就会成为相对理性的那个人。我们不但锻炼了能力，还可以少花钱。

这一章，我们就从日常生活中的点点滴滴，一起管中窥豹，看一看商业思维在每个人的生活细节中如何发挥作用。

第三章

从日常生活中培养商业思维

边际效应：游乐园年卡如何赚钱

9 岁的小朋友雨阳和我讨论一个关于游乐园年卡的问题。

雨阳说，她很喜欢去当地一个著名的游乐园玩，为此研究了这个游乐园的票价。这个游乐园发行两种门票，一种是单次门票，成人 299 元一张，儿童 199 元一张；另一种是年卡，全年不限游玩次数，一张 580 元，大人和小孩同价。

雨阳算了一笔细账，如果买单次门票，全家买两张成人票和一张儿童票，合起来需要 797 元，差不多 800 元，但如果全家买 3 张年卡，只要 1740 元。

全家一年去游乐园两次以上，年卡的钱就值了，从第三次开始就相当于免费白送，这多划算。一家人讨论后，最终决定买年卡。

不过，雨阳马上冒出了新的问题："如果大家都买年卡，去的次数又多，游乐园不就亏了吗？游乐园为什么要做亏本生意？"

孩子能问出这样的问题，说明她很有思考力。商业思维的培养，就应该从身边的问题出发，如果能换位思考企业经营的问题就更棒了。

• 为什么游乐园要发年卡

我们先看看游乐园这个行业的成本特点。

游乐园主要有两大类成本：

一类是固定成本：游乐园要租赁场地、规划布局、采购、安装、维护各种游乐设备，还要请一批工作人员提供最基本的运营。这类成本不会因为游客多少而发生变化，游客到底是买年卡还是买单次的门票，都不会影响固定成本。

另一类成本叫可变成本：指一个游客在游玩过程中，游乐园要额外支付的成本。比如，游乐设备的折旧费用，因游客太多增加的服务人员的人工成本等。

游乐园行业最大的成本是固定成本，因游客数量增减而变化的成本非常小。一个游乐场今天有 50 个人来玩，还是 500 个人来玩，可变成本变化不大。这里涉及一个概念：边际成本。

每增加一个游客，总成本到底增加了多少？对于游乐场行业而言，边际成本几乎为零。可变成本太小，每增加一个游客多付出的成本，相对固定成本而言，可以忽略不计。游乐园最怕的是游客太少，固定成本白白花出去了，他们希望游客越多越好。

说得夸张一点儿，如果用年卡的方式，假如每一年的 1 月份就能把这一年的固定成本全赚回来的话，以后就算免费给大家提供服务，游乐园也不亏。如果再有新游客买次卡或买年卡，就是游乐园的利润了。这种情况下，游乐场发行年卡，只有好处，没有坏处。

• 发年卡不亏反赚

当然，以上的模型过于简单。对于服务复杂的游乐场，每增加一名游客，成本的增加不能忽略不计，例如大型水上乐园。那么，发行年卡还能够同样让游乐园赚钱吗？

答案是会的。就算游客每次去游乐场实际上会增加游乐场的成本，也会有用户误判、高估自己去的次数这种情况的发生。

著名行为经济学家理查德·泰勒在《错误的行为》一书中讲过一

个滑雪场的例子。滑雪场这种特殊的游乐园，确实需要为每一个客户付出较高的服务成本。有一个真实的案例：一个几乎要破产的滑雪场推出了全年 10 次套票，而 10 次套票的总价等于单次票价 6 次总和的价格，相当于总体打了 6 折。结果销售量猛增，滑雪场一下就扭亏为盈。

这是因为，买套票的人往往高估自己去滑雪场的次数。到了年末，滑雪场老板统计发现，买 10 次套票的人，平均只去了 6 次左右，相当于原价去滑雪了，大家并没有享受到折扣。

由于整个滑雪场的销售额大幅增加，虽然单次的服务成本差不多，但最终还是赚了很多钱。而且，游客根本不会觉得套票本身有什么问题，反而觉得是因为自己没安排好时间。

同理，游乐园的年卡也一样，大部分游客都会高估自己去玩的次数。

一般的游乐场即使增加一个游客增加了额外的成本，但是，因为一旦游客进了游乐场还要在里面吃饭、喝水、买周边产品，这些额外的消费也会给游乐场带来利润。

• 年卡会员亏了吗

大家有没有留意到，在关于滑雪场这个故事里，大部分买了套票的人，实际上相当于全价去滑雪，没占到便宜。一定还有人去的次数不到 6 次，相当于单价比原价还高，这些游客反倒亏了。

换一个视角，这些买了年卡的游客是不是亏了呢？从金钱上来计算，的确是亏了。我们来算一笔账：

如果我们事先知道去游乐场的次数，也就是说 100 个买了年卡的人，有 50% 的人去了 2 次，有 20% 的人去了 3 次，有 10% 的人去了 4 次。

我们就应该假定，未来一年，我们全家三口人，有 50% 的人可能只去 2 次，有 20% 的人可能去 3 次，有 10% 的人可能去 4 次。

如果我们去 2 次，花的钱是 2 × 797（元），再乘以 50% 的可能性；

如果我们去 3 次，总成本是 3 × 797（元），再乘以 20% 的可能性；

如果我们去 4 次，总成本是 4 × 797（元），再乘以 10% 的可能性；

把每一种可能性所花的成本相加，最终得出的结果就是 1594 元。

也就是说，如果未来一年，我们只有 50% 的可能性去 2 次，20% 的可能性去 3 次，10% 的可能性去 4 次的话，我们用次卡的方式去游玩，比买年卡还便宜，因为三人年卡的费用是 1740 元。

如果理性地分析，买年卡确实比买次卡要贵，在金钱上是亏了。

可是真的亏了吗？未必。

• 提升整体效用

我们从另外一个跟它有点相像的经济学的分支——保险经济学的角度，来尝试解释。

所有的事情都跟概率发生了关系，刚才所谓的50%、20%、10%就是对未发生事情预估会发生的可能性，也就是概率估算，这是整个保险行业最重要的专业技术。我拿一个不太严密的极简保险案例来说明：

假设有一个人有100万元的资产，一年内有千分之一的可能性因为发生火灾就灰飞烟灭了。

正常情况下，在一年之后有99.9%的可能性资产还是100万元，但是有0.1%，也就是千分之一的可能性资产变成0。

保险公司发行了一款保险，这款保险的保费大概是1万元，这款保险承诺，如果在一年之内发生火灾，将给这个人赔偿100万元。

这个人面临两种选择：

第一种选择，他什么都不做，也不买保险。一年之后他到底有多少钱呢？他有99.9%的可能性还有100万元，有0.1%的可能性成为穷光蛋，也就是他一年之后应该有的钱是100万元乘以99.9%，再加上0×0.1%，就等于99.9万元。

第二种选择，他拿出1万元去买保险，一年之后他又有多少钱呢？

如果没有发生火灾，也就是说 99.9% 的可能性只有 99 万元了，因为有 1 万元钱买了保险，而有 0.1% 的可能性还有 100 万元，因为一旦发生火灾，保险公司会赔给他。

也就是 99.9% 的可能有 99 万元，0.1% 的可能有 100 万元，那一年后的钱就是 99 万元乘以 99.9% 加上 100 万元乘以 0.1%，最后算出来大概是 99 万元。

我们可以看到，如果买了保险，一年之后，我们现在评估的资产只有 99 万元，足足损失了 9000 元钱。

这个人到底该不该买保险呢？看起来他在财物上损失了，损失的钱就是保险公司赚的钱，但是一个理性的人还是会买。

这就牵扯到经济学上另一个更深刻的道理——效用。简单来说，效用指某一样东西对我们的满足程度，是很难量化的一个东西。我是北方人，喜欢吃包子，还是用吃包子的例子来解释吧。

比如，我现在很饿，我吃第一个包子的时候是不是感觉到特别满足？这时，我们就说包子对我的效用特别高。

可是，当我吃到第 10 个包子的时候，再给我一个包子，请问我的满足程度还会提升吗？我勉为其难吃下第 11 个包子的时候，都快要呕吐了，效用不但没有提升，甚至还可能递减。

经济学上把这类现象总结为“边际效用递减”，奥地利经济学家门格尔、英国经济学家杰文斯和法国经济学家瓦尔拉先后于 1871—1874 年提出了边际效用价值论。

金钱其实也是一种商品。一个有 99 万元资产的人，再增加 1 万元，增加的部分对他并没有产生多少效用的提升，但是一个有 100 万元资产的人，哪怕只有千分之一的可能让这 100 万元资产变成 0，效用损失都是巨大的。这种财产的不确定性，对一个人影响巨大。

再回到我们刚才买财产保险的案例，相差的 9000 元对于百万富翁而言，在效用上没有什么损失，但是给他提供了强大的安全感，让他知道无论发生什么事情，自己都不会变成穷光蛋。确定性的大幅增加，提高了他心理上的满足程度，提高了这个人的效用。

保险公司赚了 9000 元钱，可是买保险的人却大幅提升了整体效用，这种商业交换对整个社会产生了正向价值。

回到我们的年卡案例。如果我们不买年卡，按照概率来算，我们一年要花 1594 元，我们买年卡要花 1740 元。如果直接比较买和不买年卡的金钱，等于多花了 100 多元钱，或者说游乐场多赚了 100 多元钱。

从边际效应来分析，一个家庭一年多花 100 多元，效用变化不大。但多花的这 100 多元让我们多了一个选择权——一家人可以无数次去游乐场游玩。

用经济学的眼光看问题，绝不能仅仅看金钱数额上的亏还是赚，而是要看一种经济行为到底有没有给整个社会增加效用。

只要你的家庭认为，我们增加了一年可以无数次去游乐场的权益，提升了整个家庭的效用，我们不在乎多花了 100 多元，这一次商业交换就是一个双赢的交换。商业的本质，就是要探寻交换的规律，使大家能够各取所需，并达到双赢。

商业本身不仅仅是一个个伟大企业的成功，同时跟我们的日常生活息息相关。这些日常生活中的例子可以回归到商业的本质，比如对效用的探索，一直都是经济学研究的最深层理论领域，没有这些研究，我们很难总结出商业运作的规律。

名词解释

概　率

我们讨论年卡的问题时，使用了简单的概率计算方法，用于衡量年卡的价值。概率和统计，是数学的分支，它在现代的金融、计算机、人工智能领域应用广泛。2022 年高考数学，题目也涉及过去大学才学的概率论的公式和统计学知识，可见数学及分支的应用性会越来越强。

思考题

根据自己所在城市的游乐场的实际情况，算一算要不要选择买年卡。你还可以观察一下，除了游乐园之外，还有哪些商家会销售年卡呢？跟你的爸爸妈妈讨论年卡的销售政策，商家是赔了还是赚了，消费者是赔了还是赚了？

经济效用：为什么现在人们更喜欢手工制品

湖南 11 岁的储宁同学发现，妈妈喜欢在网上买一种手工做的鱼块，小小一罐就要 60 多元钱，比超市里卖的罐装鱼块贵多了。妈妈说这种手工鱼块的味道比超市里的好吃多了，贵一点儿也值。妈妈的回答让储宁同学联想到自己学习的一些历史知识，他产生了困惑："在以前的社会，科技不发达，市场上的机器制品少、手工制品多，当时的人们反而更喜欢机器制品，是不是因为他们认为机器做的东西更高级？”

为什么现在人们的生活品质提高了，随处可见机器制品了，反而觉得手工制品更好，应该卖得更贵呢？难道是因为机器制品的质量不好吗？储宁同学的问题，表面上是讨论人们更喜欢手工制品还是机器制品，但在本质上已经触及了经济学最底层的观点：人类的需求是经济发展的原动力。

听起来这两件事是不是离得有点儿远，它们之间有什么关系呢？

决定选择的是需求

储宁同学认为，以前经济不发达的时候，机器制品比手工制品更高级，所以人们更喜欢机器制品。这是储宁同学根据自己的认知所得出的一种观点。

以前的人们更喜欢机器制品，真的是因为大家都认为机器制品比手工制品更高级吗？让我们把历史的时针往回拨一拨，看看储宁同学说的“以前”是什么时候。

上过历史课的同学都知道，在 18 世纪 60 年代，英国掀起了第一次工业革命，也就是用机器制造来大量替代手工制造的变革。

在工业革命中最典型的代表机器是珍妮纺纱机，这是一种纺棉纱的机器，相比过去手工纺纱机织出的棉纱质量好，产量更多。

人们并没有因为机器纺出的纱更高级而愿意支付更高的价格。恰恰相反，因为有了机器，棉纱的价格大幅下降。棉纱是织布行业的原材料，以至于织出的布的价格也更便宜了，而用这些布做出来的衣服也变得更加物美价廉了。

当时的人们确实更喜欢机器纺纱做成的衣服，但并不仅仅是因为这些产品相对手工制品更高级，从而支付更高的价格。相反，喜爱它是因为机器制品更加物美价廉。

工业革命很快便席卷了整个欧洲，影响了全世界，欧洲的工业制品甚至漂洋过海卖到了中国。当时，我们国家正处于清朝晚期，几乎没有机器工业，完全是靠手工生产。当大量的机器工业制品从国外流入的时候，人们都叫它“洋货”。

商人们很快发现，中国人越来越喜欢洋货，市场上出现了很多专门卖日用品洋货的店铺，而且广受欢迎，主要原因就是相比过去的手工制品物美价廉。根据历史资料记载，清末虽然经济越来越差，普通老百姓越来越穷，但是普通家庭也过上了用火柴、穿洋布的生活，这显然不仅仅因为洋货高级，而是因为价格便宜。

回到储宁同学的提问，以前人们确实更喜欢工业制品，但绝不是因为觉得工业制品的科技含量高，所以更高级，而仅仅是因为人们追求的是价廉。

当时的人们为什么选择价廉的物品呢？最核心的原因还是人们

穷，大家的收入水平不高，其实只有当经济发展了，大家更有钱了，我们才不那么关注价格。

储宁妈妈的话恰恰证明了这一点，现在吃鱼已经不仅是为了吃饱，而是宁可多花钱，买更加有特色的手工鱼块。

需求是经济发展的原动力

为什么现在我们会觉得手工制品更高级？人类的需求跟一般动物不一样，动物基本上只操心两件事儿——吃饱和繁衍，这两件事搞定，此生就圆满了。但是人有各种各样的想法，比如，只是吃饱喝足还不够，还要寻找更好吃、更新鲜的餐厅。吃的欲望被满足后，还发明了各种娱乐方式——综艺节目、电视剧、电子游戏，从来没有停止过发明各种新鲜玩意儿。

和动物相比，人的需求无穷无尽，人类还发明了学校、书籍等教育方式。随着经济的发展，新一代人相对老一代人，所激发出来的需求更加光怪陆离，这就是人类最重要的特征。

正是因为人类爱折腾又永不满足，经济发展才充满了原始动力。大家可以问问爷爷奶奶和父母，他们小时候最想要的东西是什么？

我的爸爸妈妈都是 20 世纪三四十年代出生的人，他们的成长过程中，正好经历了三年困难时期，他们年轻的时候最渴望的就是吃一顿饱饭。

作为改革开放的同龄人，1979 年出生的我正好赶上了中国经济的发展，吃喝已经不再是问题。可是那时，我渴望的就是一辆好看的自行车、一部游戏机、一台彩电等。

可是到了现在的孩子这一代，我们小时候做梦都不敢想的汽车自驾游、出国旅游等，对孩子来讲都习以为常。以我的儿子为例，他什么都不缺，对很多事情都没有明显的欲望。有一段时间，他唯一想要的，就是自己心仪的球星亲笔签名的曼城球衣。这显然不是因为这件球衣在机器加工方面多么高级，而恰恰是因为背后手工的那部分——有人亲笔签名。

我们对手工制品的追求，是因为随着我们财富水平的提升，除了满足基本需求，我们还想追求展现自己个性的、稀缺的产品，并愿意为此花更多的钱。

• 为独特性多掏钱

一罐手工做的鱼块是不是真的比机器生产的普通鱼块好吃，每个人的看法见仁见智。但是在储宁妈妈的眼里，这一罐手工鱼块一定有独特之处，所以她愿意多掏钱。

这样的例子现在比比皆是，比如艺术品都是手工制品，即便是同一个艺术家画同一个主题，也没有办法做到完全一样，每个艺术品都是独一无二的。

《蒙娜丽莎的微笑》可以用机器批量生产高仿画。虽然从光学、美学、色彩上来看，和真品没有太大差别，但是高仿画可以复制，并不唯一，再精美也不值钱，只有真品才价值连城。

再举个我亲身经历的例子，我曾经拜访过世界级小提琴制作大师朱明江先生创办的小提琴工作坊。朱先生制作的一把小提琴获得了世界金奖，如今在拍卖会上的价格已经达到上百万元，之所以大师的琴如此昂贵，恰恰是因为它是手工生产的、独一无二的，而手工琴的音色要比机器制造的琴音色好得多。

现在很多专业的小提琴家，喜欢到意大利买一两百年前的古琴，价格的差异绝不仅仅是音色的差异，更重要的是这些意大利制琴大师制作的古琴独特而稀少。

手工制品的独特性使得供给十分有限，随着经济的发展，人们的需求不断扩大，这就造成了商品稀缺的局面。正是这种稀缺性造成手工制品的价格越来越高。

无论是想吃手工制造的鱼块，还是想买一把手工制造的小提琴，这些五花八门的需求都已经不是温饱需求了。它们价格昂贵，不能用更高级来解读。仅仅是因为随着经济的发展，我们已经不满足于使用物美价廉的产品满足基本的生存需求，而是有了更多的个性化需求，希望购买更加独特的商品。

人类的这种原始动力恰恰推动了经济、科技、文化、艺术的全面发展。是不是更加高级、是不是更加实用、是不是物美价廉已经不再重要。对人类而言，有时候最没用的，却是最有用的。

上一章我们讲述了效用的概念，它是经济学中最深奥、最复杂的概念。原因是，对人类有效用的评估标准是在不断变化的。这反映了人性永远不会满足，对生活总有新的期待，不断产生新的需求。说得直白点儿，人的欲望是无穷的。从商业思维的角度，“不满足”是人类社会进步的动力。

为什么今天我们会更富裕，就是因为我们不断产生新的效用需求，带动了新的行业发展，进而创造出更多能满足需求的产品，产生更多的财富。

对未来，我们不妨再开个脑洞。未来经济进一步发展，如果每个人的个性化需求都能够被满足，每个人家里的东西都不一样，人类又会产生什么新的需求和追求呢？会不会反而回归追求整齐、统一的工业化产品，认为它们更高级了呢？

谁说得准呢？人类就是这么善变。

思考题

看看自己身边的东西，哪些是手工制品，哪些是机器制品？你喜欢手工制品吗？为什么？

赌徒谬误：抓娃娃机陷阱多，为何还这么火

是不是很多人都喜欢抓娃娃机，但是却总夹不中？

有一个叫欣颖的小朋友就有这个困惑，她上网去找攻略发现，娃娃机的商家在背后做了手脚，一个玩家要想夹到娃娃，起码要失败二三十次，有的人运气不好，100 次都夹不到。

欣颖知道之后大呼上当，这不就是明摆着骗人嘛！人们被娃娃

机坑了之后，为什么还去玩娃娃机呢？娃娃机岂不是一个很好的赚钱工具？

• 传统的娃娃机的本质就是赌博

传统的娃娃机本质上就是一种赌博，利用大家在好赌的心态下做不合逻辑的决定而赚取利润，其实就是从赌徒身上赚钱。

过去，街上随处可见的娃娃机，一般可能要投 3 个游戏币，相当于 3 元钱夹一次，如果能夹到，就能得到一个价值十几元甚至几十元的精美布娃娃。这种以小博大、有巨大收益的感觉，给人以足够的刺激感。

所有的赌博都有一样的特征：一旦赢了惊喜巨大，输了反倒感觉很正常。

大家在这种意料之外的巨大惊喜的诱惑下，往往会产生计算谬误，这个谬误就叫赌徒谬误。所谓谬误，指的就是因不理性判断而产生的错误。这种不理性，是人之常情。

夹娃娃夹了几次、十几次甚至几十次都不成功，我们反倒会觉得下一次成功的概率越来越高，越没夹成功，越觉得下一次可以翻盘。如果你曾经成功夹到过，或者看别人成功夹到过，你的这种信念就会越来越强烈。

其实，前面夹娃娃成功与否，跟你下一次能不能夹出娃娃是完全没有关系的。如果我们对下一局的胜利期待越来越高，就会陷入久赌必输的必然结局，那些在赌场上倾家荡产的人大抵如此。

心理学家斯金纳曾经在小白鼠身上做实验，发现小白鼠也喜欢这种突如其来的巨大惊喜，不惜反复付出小代价，最终算起来还是吃亏。

所有这种类似娃娃机的博弈，背后都有精密的概率计算。你投入的赌注，一定远远高于收益。这就是赌博行业的赢利机制。

娃娃机也一样，商家早就在机器上设定了能夹到布娃娃的概率。据一些厂家透露，技术人员会帮助商家设置机台的抓取概率，可以设置为抓 10 次出一个布娃娃，也可以设置为抓 15 次、20 次。

抓娃娃机还可以通过调整电压控制手抓力度，一般有强抓力和弱抓力两种设置。如果是弱抓力，差不多 50 次能中一个，最低甚至 200 次中一个。抓取过程分为抓起和运送两个环节，这两段抓力可以分段设置，如设定强抓力为 2 秒，抓到布娃娃 2 秒后转为弱抓力，布娃娃会在半空中不知不觉地掉落。深感遗憾的消费者只能继续投币抓取，最终投入的钱可能是布娃娃本身价格的数倍，比去店里买布娃娃要贵得多。

如果把这个行业当作赚钱的利器，并不是长久之计。显然它不会产生长期的价值，一旦泛滥，会让很多人倾家荡产，所以大多数国家对赌博都是严格监管的。凡是这些利用人性的贪欲和某些不良的嗜好来挣钱的行业，必然会受到严格监管。因为一旦任由其发展，整个社会都将付出代价。

• 娃娃机受欢迎的原因

娃娃机的原型最早是美国人发明的，后来传到日本，又火到中国台湾，然后又传到中国大陆。

它之所以能够经久不衰，是因为迎合了人们好赌一把的天性，对于创业者而言，门槛也不高。

2017 年左右娃娃机最火的时候，运营成本很低，只需花 5000 ~ 10000 元就可以买下一台机器，娃娃机的占地面积很小，一般位于商场的偏僻位置，也不需要专门的店铺，比传统店铺的租金少得多。

商场、电影院、商业街这些客流量大的地方，特别喜欢在一些角落摆放娃娃机。因为这样就可以把走廊、休息区、拐角甚至厕所旁边那些没有用的公共空间全部租出去，获得额外的租金。消费者在商场总会有等待的时候和发呆的时间，很容易在娃娃机上花钱消遣一下，所以娃娃机不愁客源。

那时，娃娃机还是比较新鲜的，吸引了很多新客人。商家就把夹出布娃娃的成功率设置得低到惊人，以至于行业毛利率一度高达 90%。

毛利率是反映一个企业赢利水平的重要指标，以玩娃娃机为例，毛利率就是顾客投的币减掉布娃娃的成本，也就是布娃娃的成本只占最终收到的投币金额的 10%，毛利率水平简直高得离谱。

一般的制造行业毛利率只有百分之十几，制造行业里毛利率较高的医药制造业，毛利率也只有 30%。单从这个层面看来，开个娃娃机公司，比开设一些高科技的药厂赚钱多了。

● 改头换面

2019 年后，消费者的新鲜感没了，理性上也意识到娃娃机充满陷阱，热情迅速消散。于是，娃娃机改头换面，变成了更有诱惑力的盲盒机等。

销售方式也在变化，之前是夹不到布娃娃自认倒霉，夹中的概率全看商家的设定；后来变为花 20 元夹一定次数，夹不到也可以拿走一个布娃娃，相当于保本。商家的毛利率降低，消费者也得到了心理上的满足。

有的商家慢慢地调整了娃娃机的经营方式，不再片面追求暴利。换一个角度，如果仅仅把娃娃机的经营当作一种带有娱乐性、互动性的新零售方式，也是无可厚非的。毕竟人类也需要娱乐，娱乐行业是一个发展前景巨大的、有商业价值的行业。

近几年，娃娃机的发展呈现出了一种监管态势下的理性。

比如，有的娃娃机本身依托的就是品牌设计的各类 IP 形象，娃娃机只是这些潮玩的一种售卖方式。虽然依然采用“抓”的方式，但规则透明化，采取“10+1”“20+1”的机制。如果玩家在同一个娃娃机上抓小型布娃娃，抓 10 次没有抓上来，商家就会把布娃娃送给用户；抓大型布娃娃的话，抓 20 次抓不上来，商家也会送给玩家。

抓娃娃机变成了玩家以“抓”为乐趣的独特娱乐方式。抓到自己心仪的潮玩，既刺激又开心，是新新人类的一种选择。这种新零售的业态，既利用了新新人类对惊喜的期待心理（可能以极低的价格买到潮玩产品），也保证了最低回报。这对于抓娃娃机行业是一种良性的转型方式。

我们看一个行业，确实要看行业的本质，不要以为赚钱就是好行业，对人类发展有长期价值的才可能长期生存下去。

同时，也不要简单地给行业打上标签。早期抓娃娃机利用了人们好赌、期待惊喜的心态获取暴利，的确有问题。但它转型后，结合 IP 创意行业的推广，做新零售也不失为一个有创意的商业思维的典型案例。

判断一个行业是善是恶、是好是坏，并不是那么简单，需要谨慎分析。但是无论哪个行业，都应该在监管下发挥最大创意，适当利用人的某些心理特性达成销售目的，这在商业社会是亘古不变的真理。

思考题

你还发现哪些和娃娃机有一样商业原理的游戏机和行业呢？分析一下它们是怎么赚钱的？它们赚钱的行为对我们的生活和整个社会有没有创造价值？

垄断与创新：没有价格优势，实体店会消失吗

现在的孩子买东西，很多时候是不会去实体商店的。例如，我们在线下实体店看到了喜欢的玩具，父母可能会说："搜一下网上的价格，可能更便宜。"玩具买回来了，模样、质量和实体店一样，价格便宜不少。

年轻一代从小就生活在互联网世界里，早早就了解了互联网电子商务。对于"70后""80后"这一代人来说，熟悉网络购物，是

二三十岁以后的事情了，在那之前，我们基本上都是在实体商店购物。后来，天猫、京东、拼多多等电商平台崛起，在大多数情况下，网上购物确实比实体店购物便宜，质量也有保证。

有一个孩子向我提出一个问题：会不会有一天实体店全都消失了，只有网店呢？以后还需要逛街吗？很多经济学家也担心这个问题，他们认为实体店消亡就意味着每个地方的购物没有特色，也就没有文化了，很多人可能就要失业了。

实体店到底会不会消亡呢？实体店和电商平台之间，应该如何建立良性的竞争关系呢？反垄断是不是反创新？这些并不是这个时代特有的问题，而是贯穿整个商业发展的历史。

从自由竞争，到各自按照各自的特色发展，再到某些竞争胜利者开始垄断行业，接着国家反垄断，商业的发展在这一两百年中，一直遵循这样的发展趋势。

实体店该不该消失？该不该和会不会绝对是两个问题，我们都知道很多原始森林不应该消失，可是如果我们保护不力的话，它们很有可能就会消失。

• 第一个问题，实体店该不该消失

探讨实体店对人们的日常生活到底有没有价值，在经济学上有一个名词叫“效用”。

效用很抽象，很难用一个准确的公式计算出来，因为我们需要的东西并不全是能够用金钱衡量的。物美价廉、节约金钱固然是好的，可是有些东西还真的不是这么简单。

我们先来看看实体店到底承担了什么角色。在过去的经济生活中，实体店主要承担了双重的角色，第一个角色是中间商，第二个角色是特色服务提供者。

• 角色一：中间商

中间商是位于生产厂家和消费者之间的中间角色，它可以是一个企业，也可以是个体户。中间商并不直接生产货品，它只是从生产厂家进货，然后再卖给消费者。当然，它的进货价肯定要低于卖货价，这样它才有利润空间，这就是商人的角色。

中间商到底有没有价值？历史上，商人曾经被鄙视，因为他们不直接生产东西就赚取差价，被认为“不劳而获”。后来，经过包括亚当·斯密在内的很多经济学家的“正名”，现在中间商存在的正当性已经毋庸置疑。

过去，电商没有出现或者不发达的时候，一个生产厂家要在全国各地开设商铺太复杂了。每个厂家的产品到达消费者手里，要通过层层的中间商销售，这中间有一个名词就叫“产销分离”。

生产商离我们很遥远，直接买并不方便，生产商的信息我们也无法获取，中间商可以承担获取和传递生产商信息的角色。

中间商提供的第一个价值，就是传递信息的价值。某类产品的中间商，它所获取的信息肯定比我们多，从它手上购买节约了时间、获得了方便。比如，你要装修房子，需要买门窗、木板等，不可能一个厂家、一个厂家地打电话，就算你找到了厂家，厂家也未必有人手来接待你，还是会让你去找中间商。

于是，很多中间商利用信息的不透明和不对称，在中间赚取高额利润，也因此后来被人们诟病。

• 角色二：特色服务提供者

实体店不仅仅是中间商，还是服务提供者。好的实体店，要么有自己的经营特色，要么有自己的“拿手绝活”。总之，要有好的体验感，要有浓浓的人情味。

我生活在广州，粤菜很出名，每家实体饭店的餐饮都各有特色，经营也很有个性。比如，有一家陈添记鱼皮，每天经营的时间很短，卖完即止；有的炖汤小店，坚持使用老式炖汤的方法，也吸引了很多食客。

广州的饮食文化博大精深，有这样的实体店存在，饮食文化被保留了下来。我们去消费，是为了体验这些祖传的厨艺和广州的传统文化，就算价格贵，依然觉得物有所值。

在全球都经营得很好的宜家家居，几乎每家店里都是人头攒动。因为宜家家居的线下店体验感好，人们即使不买家具，也喜欢去逛一逛。

小区里的水果店也是中间商，也要从水果批发市场去挑选好的水果，再分类包装后摆放在店里售卖，顾客可以方便地先尝后买。

这样的经营方式，既是对信息不对称的利用，同时也提供了便捷的服务。否则，我们吃每样水果，都必须跑到原产地或者批发市场去买，多不方便?

不是每个人都会挑水果，不是每个人都了解应季的水果有哪些，你对水果的信息了解得不多，还可能上当受骗。中间商提供了这些服务，赚取相应的服务费，理所应当。

有时，对社会带来的效用，不仅仅是从金钱端来衡量的。了解了这两种角色的分类，我们再去看看实体店到底应不应该消失。

如果一个实体店，仅仅是因为利用信息不对称来赚取高额利润，现在的互联网确实有效地打破了这种信息不对称，加速了交换的效率，这是电商平台对于商业最大的贡献。随着互联网的冲击，仅仅依靠信息不对称赚钱的中间商或者实体店正在消失。

记得有一家二手车交易公司的广告是这样宣传的："没有中间商赚差价。"没有中间商赚差价，消费者享受到的服务一样，只不过用互联网渠道取代了原来获取信息的渠道。这让消费者摆脱了信息不对称的困扰，显然对全社会效用更大。

但是，那些坚持自己的服务特色，给我们提供丰富人生体验的实体店不但不应该消失，还应该予以保护，因为它们让我们的生活更加丰富多彩，让我们未来能够从事的行业更加多元化。

• 第二个问题，实体店要不要消失

确实，现在实体店面临非常大的挑战。自从新冠肺炎疫情暴发后，互联网平台突然觉得社区团购是个好生意，它们为了抢占市场给出巨额补贴，让利于消费者。比如，有一种梨，从菜市场购买的话每公斤的售价是 9 元，某线上平台大笔一挥：每公斤补贴 3.6 元，这样消费者只需要花 9 角钱就可以买到。可在市场上，这种梨的进货价每公斤都要 4.8 元。

这种做法，后来被判定为倾销。这些做社区团购的互联网企业，以低于进货成本的价格出售蔬菜、水果以吸引消费者，从而抢占市场份额，打击甚至团灭掉竞争对手。

如果任由这种情况发展，楼下的水果店就没有生意了，最终只有关门。慢慢地，我们所有的消费都会集中到垄断性的平台上。

2021年开始，国家就开始进行互联网反垄断，用法律手段为那些愿意提供特色服务的实体店提供生存空间。

2021年3月上旬，在社区团购行业排名靠前的5大企业，分别是橙心优选、多多买菜、美团优选、十荟团和食享会，被市场监管总局行政处罚，5家企业一共被罚了650万元，主要理由就是这些企业搞低价倾销。这5家企业中，多多买菜和美团优选分别是互联网巨头拼多多和美团的子品牌。

2021年年底，美团也因“垄断”收到另一张天价罚单：34.42亿元人民币。历经六个月的立案调查后，国家市场监督管理总局根据《中华人民共和国反垄断法》，对美团“二选一”的垄断行为出具了罚单，处以其2020年中国境内销售额1147.48亿元的3%的罚款。

美团被罚的原因是，以实施差别费率、拖延商家上线等方式，促使平台内商家与其签订独家合作协议，并通过收取独家合作保证金和数据、算法等技术手段，采取多种惩罚性措施，实施“二选一”行为。也就是说，美团要求商家如果想合作，就不能与其他平台合作。

为什么其他的网站没有被罚，要知道，他们也有独家合作的行为。那是因为，美团目前在国内外卖市场是一家独大，市场份额超过了50%。而美团作为市场“大哥”，一旦滥用了市场支配地位，就会损害其他中小企业和消费者的利益。

当一个企业的地位已经达到在市场上没有竞争者，货源、客户、资本都只能通过它来进入这个行业，它就有了对商品定价的绝对权力，怎么定价都有人买单，就获得了所谓的垄断利润。

2020 年 4 月 10 日，广东餐饮协会发布了《广东餐饮行业致美团外卖联名交涉函》，指责美团涉嫌实施垄断定价，在美团平台新开的餐饮商户被收取的佣金最高达 26%，已超过商家忍受的临界点。

当全民过于依赖同一个平台时，平台一旦利用自己的唯一性来涨价或者降低服务质量，我们是没有办法的，这就属于垄断现象。你的生活、衣食住行、购物娱乐，如果全部被垄断，这些企业大概率会把消费者当“韭菜”来割，然后不思进取、不求创新，国家的竞争力都会因此下降。

垄断的伤害如此之大，世界上大多数国家纷纷出台反垄断和反倾销的法律。谷歌、亚马逊、Facebook 等，这些科技巨头都受到过美国监管部门的反垄断调查，被认定存在垄断行为。

话说回来，国家只要意识到“垄断”的严重性，采取政策调整，实体店就不会消失。当然，具体到某一家实体店会不会消失，那就要看这家实体店是只利用信息不对称来挣钱，还是能提供特色服务。

• 垄断与创新矛盾吗

有人可能会说，垄断和创新并不矛盾，一个创新技术当然是排他的。创新和垄断发生在企业发展的不同阶段。一开始，企业是靠创新和特色在市场中进行自由竞争，这一点必须保护。

2015 年，我国药学家屠呦呦获得了诺贝尔生理学医学奖，因为她发现了治疗疟疾的特效药青蒿素。但她的研究绝不是一蹴而就的，屠呦呦从 1967 年就加入了疟疾研究组，和多个领域的年轻科学家一起刻苦研究，直到 44 年后的 2011 年才发现了青蒿素。

正因为知识成果的投入如此巨大，法律才通过保护创造者享有知识产权，让知识成果成为垄断的稀缺资源。除了创造者本人外，任何人要使用知识成果，都需要支付给创造者使用费。这样，创造者才能得到商业回报，也才会有条件、有动力继续创新，社会才会发展。

历史上，英国的专利制度曾经推动了英国的工业革命。16 世纪，英国女王伊丽莎白一世在执政期间，给大量发明和制造技术颁发了专利证书。这些发明和制造技术遍布工业、制造业和纺织业等多个行业，涵盖了百姓的衣、食、住、行，甚至涵盖了国家的军事部门。

专利制度让国民意识到，国家是鼓励创新的。更多的人开始创新和创造，于是英国发生了轰轰烈烈的工业革命，国家实力大幅提升，才有了后来的“日不落帝国”。

但是，当竞争的胜出者通过规模优势和财务实力，以“垄断”的方式挤垮其他竞争对手，成为他人创新的绊脚石时，政府就会出手反垄断。专利制度和反垄断两者并不矛盾，本质上都是为了推动社会的进步、经济的发展，为了鼓励持续创新来创造价值。

例如药品的研发，耗资巨大。如果没有对药品的专利保护，就没有药企敢于投入资金进行研发。我们早期对于药品是没有专利保护的，因为当时我国的药业还处于低端仿制阶段。后来，随着药业的发展，我国也成为世界上药品创新的重要力量。与世界接轨后，我国逐渐修订了专利法，加强对药品专利的保护，最长保护期为 14 年。

14 年过后，药品的专利就会被取消，相当于该药的垄断地位被取消，其他的药企可以进行仿制，药品价格就会下降，对于消费者来说是有益处的。

经济政策的制定，法律法规的推行、修改，还有商业运作的方方面面，都在不断变化。此一时彼一时，我们也可以窥探到其中的复杂性。

思考题

你身边有没有这样的例子，某些服务和产品只能在线下实体店才能体验到，而网上没法获得相同的体验呢？如果有，哪一种购物体验是你所期待的？

稀缺性：我的奥特曼卡未来能换大钱吗

奥特曼卡片大家熟悉吗？

它是一种类似盲盒的卡片，要按包来卖，一包从 8 张到 90 张不等，价格从 1 元到 120 元不等。只要成包买下，就一定有概率抽到那些稀有的卡片。

我身边好多小朋友都有收藏奥特曼卡的爱好，谁的卡收藏得多，特别是稀有的卡片多，就会觉得在同学中间很有面子。

我在一次朋友之间的家庭聚会上，无意中听到了两个 10 岁小朋友的对话。其中一个想跟另一个换卡片，却被干脆地拒绝了。后者说："我好不容易才收藏到这张稀有卡，听说之前有人花几百块来买，以后这张卡肯定会更值钱的。"

这张"稀有"的、被收藏的奥特曼卡，能不能赚大钱呢？

● 收藏是什么

广义地说，收藏就是人们搜集、储存、维护物品的爱好。如果从收藏的目的出发，大概可以分成两种情况：

第一种情况，是纯粹因为喜欢而收藏。人的爱好非常个性化，除了我们经常听到的很多人喜欢收藏钱币、邮票、古董字画以外，还有很多小众且冷门的收藏爱好。比如，收藏军服、台灯、手机、汽水瓶盖、水晶球、钥匙扣等，五花八门。

第二种情况，是为了赚钱而收藏。先买下收藏品，等它增值后再卖出去，赚一笔差价。这种情况下，收藏也是一种商业活动。

每个人对收藏品的爱好程度不同，有些人渴望收集更多、更好的收藏品而去市场上求购，这时收藏品就变成了商品。

• 稀缺性决定价格的高低

市场上决定商品价格高低的，并不是商品的生产成本，而是“稀缺性”，所谓“物以稀为贵”。但是影响收藏品价格的因素，比一般商品更复杂。

先给大家讲一个我的故事。变形金刚是我小时候的一个著名的 IP 形象。30 多年前我上小学的时候，绝对是变形金刚的小“粉丝”，那时商店里的擎天柱玩具能卖到几十元甚至上百元，相当于当时一个普通家庭半个月到一个月的工资，简直就是奢侈品。到了如今，第一版擎天柱玩具起步价可以卖到几千元，有数据统计平均涨了 30 倍，如果保存完好，最高可以卖到 10 万元，相当于一辆普通小轿车的价格。

30 多年前的老玩具，为啥变得这么值钱？

因为即使过了 30 多年，仍然有很多人喜欢变形金刚玩具，而这款老玩具早就停产，存量只有这么多了。即使今天再生产，也不具备当年的意义了，所以老玩具显得特别珍贵。“粉丝”的数量远远多于老玩具的产量，为了收藏这些玩具，“粉丝”就会通过市场高价求购。

这就是影响收藏品价格的第一类要素，人们对收藏品持续的需求量远远大于供给量。

再聊聊第二个例子，世界上最著名的画家之一——文森特·凡·高，可能很多学画画或了解艺术史的孩子都知道他。

凡·高一生创作了上千幅画作，现在保存下来的大概有几百幅。凡·高在世时，他的画因为不符合当时主流绘画的审美，不受赏识，根本卖不出去。谁知道，在凡·高去世100多年后，人们对绘画的审美标准发生了翻天覆地的变化，越来越多的人认识到凡·高的绘画才华，他的画开始被国际名流、富豪争相收藏，每幅画的价格都是千万美元起步，现在某些画甚至拍卖出上亿美元的高价。凡·高的画从一文不值到价值连城，这个变化值得我们思考：

首先，凡·高已经去世，再也没有可能画新作了，很多老作品由于大家当时不重视，都失传了，数量稀缺。

其次，凡·高已经去世100多年，他的几百幅画在市场上流传，经历了时间的洗礼。

从历史角度看，作品经得起时间的考验，本身就是一种稀缺。我们把目光放到凡·高在世时，当时谁能够预测以后社会审美会发生巨变，凡·高会大火？如果那时候大家都能意识到，早就去抢凡·高的画了。凡·高也不会因为没人赏识而郁郁寡欢，一生穷困潦倒，37岁就英年早逝了。

无论是画家去世不再有新作品，还是经历了时间的考验，以及人们整体对绘画审美的变化，这些都不受收藏人主观意志左右。这些影响收藏品价格的因素，都属于我们无法改变的外在客观因素。

• 人为炒作

人为炒作，在短期内会剧烈影响收藏品的价格。“炒”这种行为，简单而言，就是买下收藏品的人并不是因为自己有兴趣收藏，而是为了以更高的价格把收藏品卖给别人，频繁买卖，同时还用各种各样的手段去抬高价格的过程。

最典型的例子是前几年的普洱茶。普洱茶是一种历史悠久的茶叶，喜欢喝的人很多，这是一个非常大的群体，这种茶的特点是保存越久越好喝，保存越久的普洱茶，收藏的价值也越高。

2006 年到 2007 年，国内就掀起了一波炒作普洱茶的热潮。

在普洱收藏圈里流传着一个很有名的故事，有一位退休老人在 2004 年年底花了 10 万元收购普洱茶，仅仅过了两年多，到了 2007 年年初，这批普洱茶的市场价值就超过了 100 万元，涨了 10 倍。

还记得前面说的第一代变形金刚玩具吗？过了 30 年才涨了 30 倍，普洱茶仅仅在两年后就涨了 10 倍，涨幅相当疯狂。

接下来的故事更疯狂，仅仅过了 3 个月，到了 4 月份，普洱茶的价格又涨了三四倍，大家都看到普洱茶能够快速获利，本来不收藏普洱茶，甚至根本不喝普洱茶的人心里也开始痒痒了。

有人在 2007 年 4 月下旬花巨资买了一批普洱茶，没想到仅仅过了半个月，普洱茶的价格就忽然下降了 1/3，如果卖掉就是巨额亏损。

结果他继续坚持不卖，没想到接下来普洱茶的价格一泻千里，整个市场缩水一半。新进场的炒家损失严重，活生生被逼成了收藏家。

如果要投资收藏品，这种极易被人操纵的商品，收藏风险非常高，很可能会让人倾家荡产。

奥特曼卡的价值判断

讲了这么多影响收藏品、价格的因素，我们重新回到开始的话题，稀有的奥特曼卡片将来有没有换大钱的可能。

首先，这些卡片是纸质的，只要不碰水或是磨损太厉害，保存十几年是没有问题的，存储方面不会对它的价值有太大的影响。

再看看奥特曼卡能不能持续保持市场需求，“粉丝”群体会不会不断地扩大。目前来看，收藏奥特曼卡在孩子们之间非常流行，未来如何不好判断。可能过两年大家就不感兴趣了，也有可能过了 30 年，就像对变形金刚玩具一样，经历了时间的考验，直到孩子们都成人了，还有非常稳定的“粉丝”群体。

最后请思考，你手上的所谓“稀有”奥特曼卡能保持稀缺性吗？

虽然奥特曼卡的每个系列都有稀有卡片，但目前公认的 SP、SD、蓝 GP、红 GP 等几种卡片最为稀有，收藏这些卡片确实有增值的潜力。

但是，奥特曼 IP 的运营方为了让粉丝不断购买卡片，获得更高的利润，还在不断发行新的品种，这就存在一个问题了。一旦官方发行了其他更稀有的卡片，或者加量发行已有的稀有卡片，现在这些卡片的存量瞬间增多，稀有程度不就下降了吗？

很多问题非常复杂，没有非黑即白的答案。如果非要回答这个问题，我的回答是：如果你真的非常喜欢奥特曼卡，愿意持有一辈子，买也无妨；如果只是想“炒”卡片，将来挣大钱，绝不是最好的选择。

我们可以思考一下，自己是真的对这件事很有兴趣，纯粹出于爱好吗？还是想着未来要赚钱？还是看着别的同学都在收藏，自己也跟风想去收藏？很多同学其实属于后一种情况，别人有的东西我也想拥有。

首先，这是非常正常的心理现象。心理学上有一个名词形容这种现象，叫作“同侪压力”。

如果什么都是别人有我也想要，为了比谁储存的卡片更多、更稀有，我们会不会最终分不清什么时候我们真的对某样东西感兴趣、真的需要某样东西呢？

需要，是指没有某样东西我们就无法生存，无法完成正常的社会生活。有些东西是我们想要的，而有些东西更多时候是为了满足我们的欲望和攀比心理。商业会激发各种各样的需求，但这些需求是“需要”还是“想要”，需要我们好好思考。钱是有限的，我们把自己所有的钱都花在攀比上，遇到真正需要的东西时，就会发现钱不够用。

不光是孩子，大人其实也一样。

思考题

在我们周围，除了奥特曼卡，还有什么东西能“引诱”我们去收藏、去攀比？你能举出一个类似的现象吗？同时，也请你观察观察，大人是否也会攀比？他们会攀比什么？

“不务正业”的商业智慧：为啥每个电影院都卖爆米花

很多朋友都喜欢看电影，这是现代人的娱乐方式之一。

如果你可以选择不同的电影院，不妨留意一下，这些电影院都有一些共同的现象。比如，不管在哪家电影院，你都能够买到爆米花加可乐的套餐。电影院还设有柜台，专门卖当下放映电影的一些周边产品，比如毛绒玩偶，看起来对小朋友很有诱惑力。

为什么所有电影院都像商量过一样，卖类似的产品？这肯定是因为这种商业模式的背后有普遍适用的商业规律，以至于所有电影院都在卖电影票之外卖同样的商品，这样才能够让它的利润最大化。

究竟有什么普遍的经济规律在背后发挥着作用？

一张票的钱到底去哪了

先来分析一下，一张电影票到底能赚多少钱？电影院是靠什么来赚钱的？直观地理解，当然是靠卖电影票赚钱。这个答案也对，电影票确实被电影院收了，但票钱却不是他们一家赚的。

首先，每张电影票钱中的一部分要交给国家电影发展基金，同时还要交一笔营业税，总之，大概是票价的 8.3%，剩下的 91.7% 才叫净票房。然后，各方都要出来分账，投资电影的出品方、拍摄和制作电影的制片方，还有电影的发行方等都要参与分钱，最终大概只有 45% 留给电影院。

当然，这只是一个简单的模型，现实更加复杂，还有背后的很多利益关系。你有兴趣的话，每次看完电影之后，看看片尾的名单就知道有多少人要参与分钱了。

我们可以算一算。一对情侣现在大概要花 60 元钱买两张电影票，其中有多少钱真的进了电影院的口袋？

首先，先交 8.3% 给国家电影发展基金，也就是 5 元钱左右，其他各方平台分完之后，最终大概也就 27 元钱能够进入电影院的口袋。

但是这还不算完，如果你要买电影票，一般都是通过网购平台购票，网购平台还要收取代理手续费。很多电影院为了吸引消费者，还要给消费者大量的优惠，比如办卡充 100 元送 30 元等，最终电影院能够从 60 元中挣到 15 元就不错了。

如果这对情侣看电影时，花了 30 元买了大桶爆米花和两杯可乐的套餐，进账就完全不一样了。

首先，这是电影院自己的收入，在柜台直接售卖获得的收入不需要和合作方分成。

其次，爆米花和可乐的成本非常低。据某位经营影院的经理说，一大桶爆米花的成本最多 3 元，可乐的成本可以低到忽略不计。

这种柜台售卖的杯装可乐，基本上就是用气泡水兑入可乐公司提供的糖浆，可乐公司提供的糖浆都是论吨卖的，一杯可乐的成本最多几毛钱。两杯可乐再加上一大桶爆米花，成本也就是三四元，毛利率可达 90%。两张电影票 60 元，最终能进到电影院口袋的钱不到 15 元，这个毛利已经跟一般的制造业差不多。

如果你开电影院，为了赚钱会怎么办？当然是尽可能地卖利润更高的产品，爆米花加可乐绝对是个好的选择。于是，爆米花可乐套餐成了全世界电影院的标配。这一招并不是中国的电影院首创的，它来自电影商业大国美国。

20 世纪初，美国的电影从有钱人的娱乐活动转变为大众的娱乐行为，电影院的人流越来越大。一些卖爆米花的小商贩发现，在电影院门口兜售爆米花，生意很不错。电影院的老板看到了，灵机一动，决定肥水不流外人田，自己来卖爆米花好了，于是电影院卖爆米花成为惯例。

20 世纪 30 年代是历史上著名的经济大萧条时期，在这一时期，有一种“口红效应”，即在经济整体不景气的时候，人们会购买廉价的消费品，以寻求心理安慰。

看电影、吃爆米花，花一点儿钱就能获得短暂的快乐，这种娱乐方式非常符合“口红效应”。

那段艰难时期，很多电影院纷纷倒闭，生存下来的电影院都成了卖爆米花的店，以至于当时电影界有这么一个说法：找到一个好的爆米花摊位，围着它建一个电影院，这就是电影院的商业模式。

现在的电影院，除了卖爆米花和可乐之外，还卖其他的饮料、零食、冰激凌和电影周边五花八门的玩偶。但是都有一个共同特点，就是成本低、毛利高，利用看电影所带来的人流赚取高额的毛利。

经济学界用一个名词来表示这种发生在电影院的经济现象，就叫“爆米花经济”。

● “不务正业”的商家们

大家是不是觉得电影院不务正业？不光是电影院，很多其他行业也存在不务正业的“爆米花经济”现象。

我们看看书店，网上买书比书店便宜，书的毛利也非常低，线下书店的卖书生意被抢光。存活的书店靠什么赚钱呢？就是各种精品百货，甚至是各种饮品。

比如，现在日本最大的连锁书店茑屋书店，除了书以外，艺术品、衣服、餐具、啤酒、大米等什么都卖，价格还特别贵，据说一双筷子能卖到 1000 元人民币。它还发行了专门的会员积分卡，顾客拿着这张会员卡可以在书店和其他 94 万家会员关联企业里用消费积分换取福利，这些会员关联企业的产品把消费者的衣、食、住、行所需几乎全涵盖了。

据公开数据显示，这家书店的赢利只有 20% 来自图书音像制品的销售，其他 80% 都来自会员卡中提供的其他消费。

国内的书店也是这个套路，以诚品书店、方所书店、西西弗书店等精品书店为代表，靠书以外的商品、餐饮甚至理发业务赚钱，早就是业界的共识和常态了。

再举一个例子，一提到大家都爱吃的麦当劳和肯德基，你能想到的产品是什么？一定是汉堡和鸡翅。但是，你有没有想到他们最赚钱的产品竟然是可乐。

有人曾经做过分析，他们的汉堡、鸡翅几乎就是微利产品，但是配套的可乐就不同了，赚的几乎是纯利润。

一杯可乐的成本，刚才我们大概算过，糖浆加水最多就几毛钱，加上饮料杯也不超过 1 元钱，一杯 9 元的可乐差不多可以净赚 8 元。

• 主产品有实力才能“不务正业”

电影院靠卖爆米花挣钱，书店靠卖百货、咖啡赚钱，麦当劳和肯德基靠卖可乐赚钱，看起来“不务正业”，但是促成这些业务的恰恰是它们本身的品牌和商业形式所带来的人流。

比如，如果电影院交通不便、座椅破旧、荧幕太小，人们是不会愿意去看电影的，更不可能去买他家的爆米花了。书店如果没有特色书籍和非常好的文化氛围，大家就会在网上买书，干吗一定要去书店？

如果麦当劳和肯德基不是一如既往地维持标准的食品输出，以及提供便捷和标准化的餐饮服务的话，人们想买可乐到哪儿不行，非要去麦当劳和肯德基吗？

虽然“爆米花经济”是一种常见的商业模式，衍生产品和服务更赚钱，但它始终是依托于主销产品的。如果主销产品的竞争力降低，附属产业也就不复存在。

思考题

请你在身边选择一家商店，查一查资料，思考一下它们的主销产品是什么？它们的主销产品赚钱吗？它们还有没有别的能赚钱的产品？你能不能分析出这家商店实际是靠什么赚钱的呢？

交易成本：滞销的牛奶为何倒掉也不送人

2021年年底，日本传出消息，受新冠肺炎疫情的影响，餐饮行业和学校对牛奶的需求大减，导致大量牛奶滞销，有5000吨鲜牛奶可能要被倒掉。日本政府呼吁民众多喝牛奶，多用牛奶做菜，避免浪费。

早在2020年疫情暴发之时，英国、美国和加拿大的奶农就陆续倒过一轮牛奶了。

奶农集体倒牛奶的事件，在全球经济史上屡见不鲜。最著名的就是 1929 年，美国经济大萧条时期奶农集体倒奶事件，被写进了今天的历史教科书里。

2014 年，我们国家也发生过类似事情。因为涌入了大量的进口奶源，牛奶价格大幅下降，企业不再收购奶农的牛奶，导致青海、山东、河北的奶农不仅大量倒奶，后来干脆连奶牛都杀了，当时在业界引起了很大震动。

虽然时代不同、国家不同，为什么一再重演奶农集体倒奶的事件？过剩的牛奶难道就不能送给穷人喝吗？

• 畜牧业的特点

无论是经济萧条、疫情影响，还是企业不收购牛奶，倒奶的核心原因都是：消费者的需求和生产者的供给之间的关系产生了变化，是供需理论和价格理论在起作用。

市场上一种商品的总需求量低于总供给量，商品的价格就会降低；反过来，如果总需求量高于总供给量，价格就会升高。

如果需求和供给出现大问题，商品的价格比成本还低，就可能出现倒牛奶的现象。在牛奶行业里，为什么该问题如此突出？我们先来看看奶制品供应链的特殊性。

在整个奶制品的生产中，奶农是最底层的供应商，奶制品企业向奶农收购鲜牛奶，再把鲜牛奶加工成奶制品的原料，继而生产出各种各样的奶制品，然后批发给超市、便利店等各种终端销售的店铺，最后卖给消费者。

但是，奶牛的生长周期很短，一头牛犊养到两岁就能成熟，此后理论上每年有300天时间都能产奶。如果期间不挤奶，奶牛会生病。一头奶牛的供奶量很大，一年最少可以产出5吨奶，品种好的奶牛可以翻倍，一头奶牛可以产奶7～13年不等。

只要看到奶制品价格上升，奶农发现能多挣钱，马上就可以多养几头奶牛，牛奶产量一下子就会提升。

这种因价格变动导致商品供给量发生变化的现象，经济学上称为“供给价格弹性”。农业、畜牧业生产周期短，价格变化就会导致供给量的变化特别明显，所以供给价格弹性较高。

可是，消费者喝牛奶的习惯一般很稳定，不会因为奶制品降价，就从一天喝500克奶变成一天喝1000克奶，再加上疫情导致的快递不方便等特殊原因，大家反而会少喝牛奶。增加的牛奶供应量不可能马上被消耗掉，终端店铺和奶制品企业就会缩减订单，减少损失。

奶农就惨了，他们无法让奶牛减少产奶，每天积压的牛奶只会越来越多，牛奶的保质期又特别短，往往只能大幅降价，但降价也卖不出去。

养奶牛，每天都要花饲料费、水电费、防疫费等固定成本，难怪有些奶农不仅要倒牛奶，甚至干脆把奶牛杀掉，退出市场。处于整个牛奶供应链最初始端的奶农们，是完全没有定价权的，他们非常被动，损失也最为惨重。

• 为啥把牛奶倒掉也不送人

既然降价都卖不出去，与其倒掉，为什么不干脆把牛奶送人呢？

这里又涉及另外一个重要成本，叫交易成本。所谓交易成本，就是为了达成一笔交易所额外花费的成本，比如商品从生产者手里到达消费者手里，要经过搜索信息、比价、协商、运输、售后维护等过程，这都属于交易成本。这里的成本不仅仅是钱，还包括时间和精力。就算奶农愿意把牛奶免费送人，可中间的交易成本并不免费。

首先，奶农要做宣传，别人才知道他可以免费赠送牛奶；其次，要把牛奶从牧场运到人口密集的城镇，还要组织发放牛奶；最后，牛奶不容易保存，万一牛奶在运输过程中变质，还会造成消费者生病，需承担责任。所有这些链条，奶农一分钱不收，由谁来承担这些成本？

奶农不可能承担，他本来就损失严重。免费牛奶没有收入，还要再额外花一大笔开销，肯定是给自己找麻烦。中间的牛奶厂商和销售商家也不可能承担这个成本。所以，直接倒掉才是最经济的做法。

回溯历史，奶农们倒牛奶，其实是商业上的理性选择。

1929年大萧条时期，奶农抱团倒奶，就是为了人为减少牛奶供应量，让牛奶价格再重新涨回去，以便让之后生产的牛奶赚钱。

如果现在把过剩的牛奶全部送给穷人喝，交易成本肯定没人承担。而且，如果真的送出去了，更没有人会买牛奶了，今后生产的牛奶也卖不出去，价格会长期低迷，奶农的损失更大。

尽管如此，白花花的牛奶成吨成吨地倒掉，也实在太浪费了。

2020年，全世界每年有13亿吨粮食被白白浪费掉，占全世界粮食总产量的三分之一。我们国家每年也有3500万吨的粮食被浪费，占全国粮食产量的6%。与此同时，全球有8.2亿穷人在挨饿，相当于每9个人中就有1个人吃不饱，每年还有900万人死于饥饿。

很多人真的需要牛奶，但是，如果由奶农来负担交易成本，且承担今后生产的奶依然卖不出去的风险，那对奶农来说显然是不公平和不现实的。

有人已经想出了比较好的解决办法，即由慈善机构用慈善基金直接在市场上购买加工过的、现成的、保质期更长的乳制品送给穷人喝。

购买乳制品，实际增加了终端的需求量，会从整个奶业供应链传导到奶制品企业终端，从而促使鲜牛奶的供应量提升，减少牛奶浪费。

这一做法间接帮助了奶农，供应链条上的奶制品企业终端店铺也有了收入，整条供应链上的商业机构都因此受益，也因此愿意承担中间的交易成本及应该承担的质量责任。这就是用商业的逻辑去做慈善。

商业是最大的慈善，它可以最大限度地调动商业链条的各个角色共同受益，让大家更有动力去加入慈善事业，帮助穷人，也避免由单独一方承担整个成本。毕竟，交易链条上的每一个环节都不可能一直用爱“发电”。

思考题

请你找一个你喜欢或者感兴趣的行业，看看这个行业是不是也像畜牧业或者农业那样，产品价格稍有风吹草动，供应量一下子就涨上去了，因而造成大量的浪费。

我们的未来会如何？恐怕你只能问两类人：科学家和现在的创业者。他们正在塑造我们的未来。所谓“未来已来”，就是这两类人联手的贡献。我们的未来，要靠有商业思维、有科学素养的人共同参与去创造。

我们就从用现代视角、未来视角，重新看待商业组织——公司开始，来看看宇宙空间技术、信息通信技术、新材料技术、基因技术，会从哪些方面改变我们未来的生活。

但愿你们能提早思考自己的人生，未来不仅是个旁观者，还会成为参与者。

第四章

我的未来，我来创造

公司：用你的创新想象改变世界

我们前面聊了很多著名的公司，比如马斯克的特斯拉，迪士尼、米其林，还有后文提到的我国的华为等。公司是商业的组织形式，它和我们的关系实在太密切了。

比如，你想买一件文具，这件文具需要经过多家公司的生产、运输、销售环节，最后才到达货架上。虽然只是买一件文具，你已经直接或间接地跟许多公司打过交道了。

很多孩子的父母都在公司工作，每个月从公司领取薪水来养家和供孩子上学。大家有没有思考过，公司到底是个什么事物呢？

• 公司到底是什么

我女儿四五岁时，问了妈妈一个问题："妈妈，你为什么去别的公司工作啊？"

妈妈莫名其妙，自己并没有换工作啊。原来妈妈的公司搬到另一个地方办公了，女儿以为妈妈上班的地点变了，就是换工作了。

这种看法很孩子气，但我们可以得出一个结论：公司并不等于办公地点。

大家都知道苹果公司的创始人是乔布斯，苹果公司就等于乔布斯吗？乔布斯已经去世十几年了，苹果公司还是苹果公司，CEO 也换成了库克，苹果公司一直在发展。

公司的品牌就等于公司吗？可是有的大公司拥有很多品牌，也可以创造新的品牌，比如可口可乐公司还同时生产雪碧，将来还可能生产其他品牌的饮料，也有可能会停用一些旧品牌。说得极端一点儿，即使未来可口可乐这个品牌被淘汰了，可口可乐公司仍然是可口可乐公司。公司名称不等于公司，国家的法律是允许公司随意更名的。

总结一下，公司自己的办公楼不等于公司，公司的创始人老板不等于公司，公司的品牌不等于公司，公司的名称也不等于公司，那公司到底是个什么事物呢？

历史学家尤瓦尔·赫拉利在《人类简史》中，以一家世界知名的汽车企业法国标致公司为例，解释了公司是什么。

他在书中说，就算全世界所有的标致汽车都变成废铁，标致公司也不会消失，可以继续制造汽车，写出新的年度报表；即使标致公司的工厂、机器、员工全部消失，公司仍然可以通过银行借贷重新雇人，重新盖工厂、买机器；就算标致公司的管理者和股东全部散伙了，或是把股票卖光退出标致公司，标致公司仍然存在，而且还是原来的标致公司。

当然，这并不意味着公司不可战胜。如果有个法官依照法律授予的权力，下令强制标致公司解散，就算标致公司的产品、员工、工厂、管理者都在，但公司也可以瞬间消失。标致公司只是我们在法律制度下的一个集体想象，有个专业名词叫“法律拟制”，这里就不展开说了。

法律，也是一种大家认可的集体想象。赫拉利认为，如果大家非常相信公司、法律这种想象的事物存在的时候，有关公司的一系列制度、规章和运行规则就成立了，和公司有关的人就会按照这些规则去做事，让公司运行起来。

公司这种集体想象，是什么时候诞生的呢？是在1555年，英国伊丽莎白女王一世给一家叫莫斯科威的公司授权，这是广泛公认的第一家现代股份制公司，它诞生在英国。

也就是从那一年开始，世界经济的走向发生了天翻地覆的变化。公司制是人类历史上非常伟大的一种制度发明，而这种发明诞生自我们的头脑，真是件不可思议的事。

• 公司为什么伟大

在公司诞生之前，欧洲处于长达1000年的中世纪，比起同时代的中国和中东地区的伊斯兰帝国，那时候的欧洲非常落后，一点儿都不起眼。

中世纪之后，欧洲迅速崛起，成为世界的经济和文化中心。其中的原因非常多，那个时代又有文艺复兴，又有工业革命，但公司制度绝对起到了非常重要的作用。

在中世纪，为什么大家创业劲头不高呢？因为大家都不想冒险。举个例子，有个人开了一家公司，生产手机去卖，为了生产，他需要支付原材料成本、厂房房租、员工工资等。可是公司没经营好，他不仅没赚到钱，还亏损了，他把公司剩下的钱和资产全拿来还债，如果还不够，以后他一直会被追债，直到还完为止。

如果创业失败了，他一辈子都脱不了身，这个风险太大。17世纪的时候，有限责任公司的制度被发明出来。这个有限责任，和刚才说的创业失败一辈子脱不了身正好是相对的，它规定了只要公司经营不下去，就可以申请破产，也就是公司“死亡”了，公司留下的所有钱和资产用来偿还债务，创业者也不会被继续追究责任，所谓责任是有限的。

从此，想创业的人才愿意去冒险。因为没有后顾之忧，就敢拿自己辛苦积攒的钱去开公司，以赚到更多的钱。

在之后的几百年，大量的公司不断创立、发展，新的、有价值的商品和服务不断被创造出来，才有了今天的面貌，我们才能过上越来越丰富、越来越便捷的生活。比如，现在动动手指，吃的、喝的就能送到家里，衣物、玩具、用品都越来越丰富，购买也越来越方便。

公司究竟给我们带来了怎样的好处?

虽然全社会都和公司有关系，但是跟公司关系最为直接的是三类人：一类是股东，一类是员工，一类是客户，也就是顾客。

顾客是买公司产品或服务的人；员工是在公司上班，生产产品，为顾客提供服务的人，无论是CEO、经理、总监，还是普通员工，都属于这个类别；股东，其实就是合伙出钱开公司的人，也就是公司的拥有者，可以理解为我们所说的老板。

公司的存在和发展，到底为这三类人带来了哪些好处呢？我们举个例子来说：

以前没有汽车，只有马车的时候，人们希望花更少的时间去更远的地方，这是顾客的需求；后来有一群股东看到了顾客的需求，想借着这个商机赚更多钱，就一起凑钱开了一家汽车公司，并且雇用了一大批员工生产优质的汽车；这样，员工通过工作赚钱养家的需求就被满足了。汽车生产出来后，顾客们买下了汽车，发现可以花更少时间去更远的地方，生活品质提高了，于是有更多的顾客想买汽车，股东也会因此赚到更多的钱。

现实世界中，循环连续不断地发生，过程更加复杂，也更加缤纷多彩。

因为有了有限责任公司制度，股东愿意冒风险把自己的商业创意通过开公司的方式实现，同时创造了很多工作岗位；有工作能力的员工到公司工作，而且岗位被分得更细，专业度更高。许多员工聚在一起，可以协同处理很多复杂的事情，生产出很多优质的产品，提供了优质服务，员工也从公司获得稳定的收入；顾客可以从不同的公司买到自己需要的优质产品和服务，让自己的生活越变越好。

现代社会里，每个人都扮演着员工和顾客两个角色，创业者一般是股东，也有可能同时是公司的员工，只是经常作为高管出现。当然，创业者生活在社会中，也不可能摆脱顾客的身份。

公司，这个共同想象的事物，能够满足很多人的需求，给世界创造这么多价值，是不是很神奇？这就是以公司为组织形式的商业推动经济发展的根本原因。

我曾经在国外的网站上，看到过两位非常有创意，并且创业成功的小朋友。一位小朋友的创业创意就是做拆箱玩具测评，他从 3 岁开始就做拆箱玩具测评视频，8 岁时，已经拥有 2400 多万的“粉丝”。如今他已经有了自己的玩具和儿童服装公司，生产线 100 多条，在儿童频道、视频网站上很出名。

另一个 7 岁小男孩，梦想是未来从事保护大海的工作。他产生了回收旧瓶罐、再卖给环保机构的商业创意。他用 4 年时间赚了 2 万美元，还给自己立下小目标：挣出自己上大学的学费。年纪这么小，创业梦想和目标就这么明确，值得点赞。

正在看这本书的孩子，如果你的梦想是成为一名企业家，你能想出什么创意来改变这个世界呢？

思考题

创业是一件非常复杂的事情，所有因素中，一个好的创意至关重要。如果你要创业，你准备找到什么新奇的需求，用什么样的创意去满足这个市场需求呢？如果有机会参加学校或者其他机构的跳蚤市场，你结合顾客的需求，想一想你的摊位上可以卖什么有创意的产品和服务呢？

向太空发展：普通人上太空还有多远

2022年4月8日，马斯克创立的美国太空探索技术公司（SpaceX）与美国初创商业航天企业公理太空公司（Axiom Space）合作，用“猎鹰9号”火箭，把4位乘客送往了国际空间站。

这也是SpaceX公司首次以包机形式运送平民前往国际空间站，创造了美国首次完全由非现役太空人参与造访国际空间站的纪录。同时，这也是美国国家航空航天局（NASA）首次对外开放国际空间站，将低空地球轨道空间交给民营航天公司进行商业化经营。

但是，此次太空 10 日游，每位乘客的票价高达 5500 万美元，折合人民币约 3.5 亿元。太空旅行离一般人还非常遥远，但商业化已经开启，孩子们，你要开始做准备了哦！

零起点挑战航天业

SpaceX 此次执行任务的载人飞船叫“龙飞船”，这是世界上第一艘由商业公司，而不是某个国家发射的载人飞船。它于 2020 年 5 月 31 日第一次发射成功，将两名美国 NASA 宇航员送入太空并抵达国际空间站，实现了首个民营载人航天的发射任务。

在马斯克发射商用载人航天飞船之前，载人航天飞船的技术掌握在三个国家手里，分别是美国、苏联和中国。中国的载人航天飞船技术在近几年又有了更大的突破。

早年间，苏联和美国的第一次载人航天之旅，走的都是航天飞船的技术路线。

20 世纪六七十年代，美国的“阿波罗登月计划”成功，可是花了 255 亿美元。美国政府很现实，考虑到开发能重复使用的航天飞机可能会更适合，于是 20 世纪 80 年代开始了航天飞机的研发计划。很快，美国的“哥伦比亚”号航天飞机成功升空。

但是，1986 年和 2003 年，美国“挑战者”号和“哥伦比亚”号航天飞机出事后，损失了 14 名宇航员，美国航天业遭到重创，美国不再制造航天飞机，全部采用租用航天器的方式探索太空。从 2011 年开始，美国开始向俄罗斯的航天飞船租舱位，送宇航员升空。

2008 年以前，俄罗斯的一个飞船舱位大概是 2000 万美元，可是 2017 年已经涨到 8100 万美元。

美国毕竟是一个发达的商业社会，即使在航天业这种属于高度机密的领域，他们依然想到了商业化。1984 年，美国国会通过了一系列与航天行业相关的法案，允许私人公司发射火箭，并要求 NASA，也就是美国国家航空航天局，尽最大可能和商业机构合作。

美国还鼓励私人企业为 NASA 制造、发射、运营太空飞行器，也就是说，NASA 之后不再为宇航员打造往返太空与地球之间的航天器，而是采用租的方式。

这一系列的政策，导致一大批私人航天公司诞生了，马斯克的 SpaceX 就是其中之一。我们在第二章已经介绍过这家公司。

马斯克在 2001 年开启了自己的航天事业，一开始他对探索太空也感到茫然，后来他把家搬到“航天之都”休斯敦，因为那里是美国国家航空航天局（NASA）、波音公司等行业巨头的所在地，资源比较多。

马斯克来到休斯敦后，先是加入一个叫“火星学会”的组织，认识了很多专家，了解了该领域的进展、方向及问题；同时，他还自学了《火箭推进原理》《天体动力学基础》《燃气涡轮和火箭推进的空气动力学》等专业著作，列出火箭建造、装配和发射的详细成本，很快就成为一名专家。

一个 30 多岁的富豪，为了进入一个未知行业，重新学习天体物理知识，这是非常值得敬佩的学习精神。

• 马斯克带出来的产业

马斯克认为，地球的资源终有一天会枯竭，必须让地球人移民到火星，人类才能发展。要做到这一点，必须降低成本。

SpaceX 降低成本的第一个方法是完全自主研发。本来马斯克是想买俄罗斯飞船的，后来发现实在太贵了，才决定自己研发。现在，SpaceX 从发动机、火箭制造，再到测试，全部是自己公司解决的。这样就有了很大的自主权，当需要优化和改变技术装配时，在自己的工厂里就能解决。这样也大大节约了成本。

SpaceX 降低成本的第二个方法是回收火箭。过去接近 1 亿美元的发射成本，现在通过回收火箭再利用的方式，已经降到每次几百万美元。

SpaceX 降低成本的第三个方法是大胆使用民用的电子产品，不迷恋宇航级别的专业设备。网上有业内人士讨论过，目前传统的载人飞船搭载的控制器芯片组，每个价格是 500 万元人民币左右。一共 14 个系统，为了保险，每个系统还得有一个备份，这样算下来，总共 28 个控制器，总成本达到了 1.4 亿元。

但是，SpaceX 的龙飞船的控制器芯片组，选择的处理器竟然是我们听过的英特尔的 X86 双核处理器，芯片组一共 18 个系统，每个系统有 3 个双核处理器。也就是说，每个系统有 6 个核互相印证数据，以保证准确性。这样，总共只需花 3600 美元，相当于人民币 2.6 万元，和宇航级别的芯片组相比，成本减少了 99.9%。

在民营公司介入航天业后，马斯克之前曾放出豪言——2050 年之前将 100 万人送上火星，很可能不是吹牛了。

• 富豪逐鹿航天

除了马斯克，还有很多商业富豪都对航天业感兴趣，比如亚马逊创始人贝索斯创立的蓝色起源、谷歌创始人拉里·佩奇投资的行星资源开发等。

2021 年 7 月 20 日，贝索斯旗下美国蓝色起源公司“新谢泼德”飞行器，完成首次载人太空试飞，贝索斯参与了试飞。“新谢泼德”飞行器，由运载火箭送至距地面约 100 千米处的地球亚轨道，完成整个任务只需 10 分钟。

不过，在7月11日，英国富豪理查德·布兰森已经乘坐自家公司——维珍银河公司的飞船进行了一次太空之旅。但是，维珍银河公司飞船的飞行高度大约是88千米，达不到卡门线的高度。卡门线是一条位于海拔100千米处，被大部分人认为是外太空与地球大气层的分界线。两位富豪的飞船，其实都只飞到了太空的边缘，是太空短途游。

2021年9月15日，SpaceX“猎鹰9号”火箭将龙飞船成功送上太空，由4名非专业宇航员组成“太空旅行团”在绕地轨道上飞行了3天。有人戏称，如果马斯克的飞船是喷气式飞机的话，布兰森和贝索斯的飞船只能算是滑翔伞。

这一次，龙飞船更厉害了，直接把乘客送进了国际空间站。当然，这4位也不是最早进入国际空间站的游客。但是，这是SpaceX第一次和第三方公司合作，以散客包机的商业化操作方式把乘客送上空间站。

普通人上太空还有多远

普通人如果想上太空旅游，预算肯定是第一位的。目前太空旅行的飞行票价高低不一，针对的是不同层次的富豪。

SpaceX的飞船飞到国际空间站，价格是5500万美元。2021年，日本富豪前泽友作乘坐俄国的“联盟”号飞船进入国际空间站，“联盟”号每个座位的价格是1亿美元左右。

贝索斯的飞船，起拍票价是20万美元，折合人民币130万元。有一个乘客是18岁的小伙子，据说他爸爸为了送他上太空，足足花了2800万美元拍下了舱位。

“维珍银河计划”虽然只能抵达太空边缘，但其商业化进程比较快，已经决定2022年为付费旅客提供商业化的太空旅行服务。包括布拉德·皮特、莱奥纳多·迪卡普里奥、汤姆·汉克斯在内的600名旅客，已经以20万—25万美元的价格预定了座位。

太空旅行，虽然目前仍是富豪的奢侈旅行，但是由于不同类型的公司纷纷进入，他们的目标群体也在发生变化，尤其是维珍银河公司航空创始人布兰森的加入，促使商业进程进一步加快。有专业人士预测，到2040年，太空旅游的产业规模会高达1万亿美元。

• 除了旅游业之外，太空业还有什么其他的商业机会呢

开采外太空资源可能是其中之一。比如，中俄计划到2035年正式建成国际月球科研站，合作开设能源通信运输的设施。如果要开采大量的月球资源，就不是几个科学家和富豪能完成的事情，估计会有大量的商业开发的可能性。假如有一天真的可以实现星际移民，那将需要大量的飞行器，飞船制造业会迎来更大的发展。

还有什么其他商业机会？可能需要你们——未来的年轻人去开动脑筋了。

思考题

如果去外太空需要付出成本，你愿意付出多少金钱？如果未来你从事太空业，你觉得可以做些什么事情，让更多的普通人能上太空？

延伸阅读

中国的民营火箭业

中国的民营商业航天起步于2014年。当时，国务院出台了一个指导意见，首次提出鼓励民间资本参与航天业。我国目前在商用载人航天业还没有出现像SpaceX这样的公司。

中国在民营非载人航天业已经有很大发展，比如发射卫星，已经有多家商业公司进入这个领域。但是由于起步才几年，发射的基本是固态火箭，液态火箭的研发还在进行中。

此前，中国长征火箭有限公司总裁韩庆平曾公布过我国“太空旅游”的时间表：

预计到2024年，中国可利用10吨级的亚轨道飞行器，相继实现60—80千米轨道高度的商业载荷飞行和3—5座的商业载人飞行，提供太空旅游观光、短时间失重体验和特殊机动飞行服务；

预计2025年到2029年，利用百吨级的亚轨道飞行器，可相继实现120—140千米轨道高度的商业载荷飞行和10—20座的商业载人飞行；

预计2030年到2035年，利用百吨级组合动力飞行器，将提供10—20座、80—90千米轨道高度的长时间亚轨道商业飞行，支撑全球快速点对点洲际航班、商业长期空间飞行等业务的开展。

高科技的较量：小小芯片，等你们突破

高科技行业的商业运作，大家可能觉得遥不可及（例如埃隆·马斯克的火箭，我们不但不懂，也买不起一个火箭座位），但有些高科技，我们天天在用，努力拼搏的年轻人还有可能加入其中。

最近两年的新闻中，华为公司都从高校招收所谓“天才少年”，起薪都是百万元人民币以上。你听了以后是不是流口水了？想不想加入？

过往几年，以华为为代表的中国通信设备制造行业，卷进了一个国际公案——“芯片禁售”。一方面华为节约库存芯片，另一方面加大技术投入，高薪培养和储备人才。这是必然的商业选择。

现在很多孩子都有自己的电子设备，或是手机，或是平板电脑。

华为作为国产手机的代表，近年来发展非常快，我和家人全部换成了华为手机。但是，最近两年华为手机遇到了很大的阻力，尤其是在中美贸易战期间。

手机生产离不开芯片，近年来，美国全面封锁华为的芯片采购。也就是说，凡是使用了美国的软硬件技术，或者是半导体生产制造设备的厂商，要想把自己的芯片卖给华为，必须得到美国的同意。如果美国不同意，就不能卖给华为。

• 背景：华为手机受重创

根据高德纳公司（Gartner）公布的2021年全球半导体研究报告，由于美国的贸易制裁，中国在全球芯片市场的整体份额受到影响。海思半导体的收入从2020年的82亿美元下降到2021年仅有的15亿美元，下降了81%。主要原因是，台积电受美国政策的影响，不能为华为海思代工麒麟芯片。目前华为海思已退出全球前25位半导体供应商的行列。

受芯片的影响，华为手机也因此受到巨大的冲击。2020 年，华为手机的销量曾在全球排名第三，出货量为 1.7 亿部。据研究公司戴尔奥罗集团称，2021 年华为在全球市场的份额同比急剧下降 81.6%，全球市场份额降至 3%，远远落后于竞争对手——三星、苹果、小米、OPPO 和 vivo。

• 小小芯片之争

我们为什么要从国外进口芯片？是因为我们自己生产不了吗？

我们自己能生产，可是技术不够先进，要想生产高端手机，需要每年从国外进口大量的芯片。美国的禁令对华为的发展产生很不利的影响。

芯片又叫集成电路，英文的缩写是 IC，直观来说，就是把一个电路缩到很小很小，再制造到半导体的晶圆上。芯片说起来很简单，但实质上它承载着极高的科技含量。我们平时用的尺子上最小的长度单位是毫米，1 毫米相当于一百万纳米，而现在高端手机的芯片，大概只有 4—14 纳米，可以想象是多么小的电路。

• 小问题：手机和电脑是怎么完成计算的

计算要有数字，可是电脑并不能直接认识数字，它只识别电路是通还是不通。而半导体是允许电子单个通过的，通或不通的两种状态非常明晰。它不像正常的导线，一通电就会有一大堆电子通过，没有办法记录。半导体上面的电路，可以清晰记录通和不通两种状态，分别表示为 1 和 0。

通过换算，所有的数字都可以用 1 和 0 的组合来表达，这叫二进制，那么就可以用半导体内部的电路来完成所有复杂的计算了。

无论是手机、电脑、视频显卡、家里各种电器的自动控制，还是埃隆·马斯克的火箭要上天，都需要通过电路计算，最终都是由电脑芯片完成计算。

手机要想体积越来越小、计算速度越来越快，就必须发展芯片技术。2018 年有关数据显示，中国进口芯片金额达到 3000 多亿美元，大约是 2 万亿元人民币，这相当于很多国家一年的经济总量。

目前，中国有 1300 多家芯片设计企业。华为的旗舰手机使用的是华为海思设计的麒麟芯片，这看起来是华为研发的品牌，其实是全球化的产物。如果其他国家的企业因为美国的禁令，不给华为提供服务和产品，华为就没有办法生产芯片。

芯片的整个制造过程非常复杂。首先，由英国的 ARM 公司提供架构，再由华为根据自身需求调整设计。光设计出来还不行，这么小的电路需要制造生产，要求的制造工艺很高，所以还要交给位于台湾地区的全球最大的芯片代工厂——台积电公司来生产。

• 台积电：当前的芯片制造“老大”

台积电公司，是由张忠谋先生创办的一家高科技制造公司，1987年在中国台湾成立，是全球第一家也是全球最大的半导体晶圆代工企业。

张忠谋之所以能把台积电发展成为全球最大的晶圆代工厂，是因为他深厚的学术基础。他于1949年赴美国留学，本科读的是哈佛大学，硕士读的是麻省理工机械系，博士读的是斯坦福大学。博士毕业后，张忠谋又在美国最大的德州仪器公司工作，做到了副总裁。

简单来说，晶圆制造就是把原始的“硅”材料加工成很小的圆形晶体，再经过高科技的加工，形成芯片。

此前，华为的高端手机使用的7纳米芯片、5纳米芯片，都是由台积电生产的。一毫米等于一百万纳米，可见纳米是很小很小的。台积电要做一个小小的芯片，有几千道工序。目前台积电和三星都具备生产3纳米芯片的能力。

迄今为止，中国最领先的芯片制造厂叫中芯国际，该公司生产的最好的芯片与世界先进水平还有很大差距。

在芯片制造的环节，还有一个非常重要的角色。就算我们设计出了一个小电路，要把它刻在7纳米、5纳米甚至3纳米的晶圆上，需要一个神秘机器——光刻机。

• 阿斯麦的神秘光刻机

光刻机能用 10—14 纳米波长的极紫外激光，把电路刻在晶圆上。大家想一想，它需要的工艺得多么精确！

目前，在高端光刻机领域，虽然有几家企业，但绝对的“一哥”是来自荷兰的 ASML，中文名叫阿斯麦。阿斯麦早就被美国要求，不能随便把光刻机卖给中国。

我们离自己设计光刻机的目标还有很大的距离，因为这中间涉及的技术非常困难。从技术上说，仅凭一个国家的力量无法制造出光刻机，需要集合全球各国的顶尖技术。阿斯麦的光刻机，融合了德国著名的蔡司镜头技术设备、日本的特殊复合材料和美国的控制软件等。

光刻机不仅要求极高的技术，投资也非常大。阿斯麦成立 30 多年来，其间多次差点儿倒闭。他们于 2010 年制造出了第一台 EUV 光刻机，就是那台最高端的能够制造 5 纳米芯片的光刻机，但一直没有资金支撑批量生产。

后来他们就想了一个办法，谁要买我的光刻机，就先给我投钱成为我的股东。谁成为我的股东，我就先给谁供货。当时，英特尔、台积电和三星三大巨头一共花了 50 多亿欧元，才让阿斯麦开始量产 EUV 光刻机。

台积电也是阿斯麦的股东。2019 年，阿斯麦生产的 26 台光刻机，有一半交付给了台积电。阿斯麦源源不断地提供最高端的光刻机，也是台积电能成为全球最大的芯片代工厂的原因之一。

在 EUV 光刻机没有研发出来之前，英特尔公司游说美国政府，成立了一个叫 EUV 极紫外光有限公司的组织。阿斯麦是一家荷兰公司，一开始美国政府不同意跟该公司合作。阿斯麦聪明地表示，我要在美国建立工厂和研发中心，55% 的原材料向美国买，美国才同意让阿斯麦进入这个研发组织。

现在美国对阿斯麦公司有这么大的话语权，这就是原因之一。

• 当年认为“造不如买”

我国在 20 世纪 60 年代，开始利用光刻技术制造电路芯片。不过那时我们制造的芯片并不是应用于电脑、手机，而是应用于其他电器或更大型的设备。当时，我国的公司和日本的佳能、尼康两家光刻机生产商差不多同时起步，比美国晚了十几年。光刻机的巨头阿斯麦当时还没有面世。

后来，在 20 世纪 80 年代，我们国家没有多少科研人才去自主研发。我国为了在短期内快速发展经济，大量采购国外的技术设备，中国的芯片制造和研发一度陷入停滞。从当时的商业发展需求来说，要先发挥我国制造业优势，发展应用级产品，改善人们的生活。企业先确保把产品卖出去，保证活下来。

我们的芯片制造研发体系，由于缺乏资金支持而逐渐衰弱。直到 20 世纪 90 年代，我国的光刻技术还停滞在 193 纳米，20 年都没有突破。我们这才醒悟过来，决定攻坚光刻机研发任务。此时，成立于 1984 年的阿斯麦公司已经是光刻机的巨头了。

2018 年，荷兰政府向中国发放了光刻机出口许可证，答应让我们用 1.5 亿美元买一台最先进的光刻机，却遭到美国的反对及施压。我们国家的芯片企业，能买到的都是旧款的 DUV 光刻机，最新的 EUV 光刻机，没有一家中国企业能买到。

中国芯，中国造

手机芯片问题，看起来是一场贸易纠纷，说到底是国家之间的科学技术竞争。

现在，很多企业家都在谈“中国芯，中国造”，我们要摆脱过去那种“造不如买”的思维，还要储备大量人才研究高新技术，才能够在高级制造业中不受制于人。

当然，如果我们要在芯片制造上有所突破，除了突破现有技术之外，还有别的办法。芯片技术基于半导体电路的计算方式，现在已经有了新一代的计算方式——量子计算，它至少比现在传统的计算方式快 1000 倍以上。

如果我们在量子芯片的研究上有突破，就可以摆脱在半导体芯片上受制于人的状态。但是这方面的突破更加困难，它牵涉到理论物理、量子力学、理论数学等领域的研究和突破。量子计算方面，现在走在前列的是美国的谷歌公司。

从芯片的发展史我们可以看到，一个科学家、一个高级工程师或者一群高级技术人员的力量，抵得上一个国家上千亿美元的采购金额。没有科学的发展，没有高科技的突破，我们一定会处处受制于人，商业也无法突破。

思考题

你还知道中国有哪些技术是被“卡脖子”的吗？你有没有思考过，自己未来在哪些领域可以为国家作贡献？说说你最热爱的科目，和父母讨论一下未来的发展前景。

从有糖到代糖：“甜蜜”的诅咒可以破除吗

大家喜欢喝饮料吗？炎炎夏日，在家里吹着空调，喝着冰镇饮料，想想就很爽。我家两个孩子也非常喜欢喝饮料，我常常逗大儿子：“你不是老喊着要减肥吗？怎么还要喝甜饮料？”他嘿嘿一笑：“我喝的是无糖饮料，不会变胖的。”

无糖饮料近几年越来越受人关注，有数据显示，60% 的饮料消费者都买过无糖饮料。

前两年，还有一款在年轻消费者中人气很高的乳茶饮料，因“糖”的问题上了热搜。之前这款饮料宣称自己是无糖饮料，但网友们发现这款饮料的成分表里含有果糖，觉得自己受骗了。品牌方不得不公开发表声明，说自己在产品包装上没说清楚“0 糖”和“0 蔗糖”的区别，引发了大家的误会，随后把包装上的文字修改为“0 蔗糖”。

“0 糖”和“0 蔗糖”相差一个字，有什么区别？一瓶饮料含不含糖，为什么引发了这么大的争议？无糖饮料真的不含糖吗？它们背后的商业故事和逻辑又是什么？

• 无糖就是一点儿糖都没有吗

我们国家对食品和饮料的相关规定是这样的：无糖饮料并不是完全不含糖，只是含糖量非常少，只要每 100 毫升饮料里含糖量不高于 0.5 克，就被认为是无糖饮料。

我们在生活中天天跟糖打交道，其实糖的家族非常庞大，自然界中本来就存在着各种各样的糖，我们吃的各种水果、蔬菜、粮食、蜂蜜都含有糖分，从这些天然食品里提取出来的糖都属于天然糖。

最常见的天然糖就是从甘蔗里提炼出来的蔗糖，还有葡萄糖、麦芽糖、果糖等，它们的主要成分都是碳水化合物，吃多了就会在身体里转化为脂肪，让我们变胖。

目前在饮料市场上，含糖饮料占主导地位，这背后其实是一个商业问题。科学研究表明，爱吃糖是我们人类的祖先遗传给我们的天性。

在原始社会，人类的祖先生存条件恶劣，不会种植，不会生产，食物短缺，经常吃了上顿没下顿，甚至经常会因饥饿而死亡。含糖的高热量食物特别受人欢迎，因为它可以让我们的生命活动维持得更久一些。以至于我们的原始基因都进化出了这样一种功能：一旦摄入糖，我们的大脑就会分泌一种名为“多巴胺”的化学物质，使我们感到很快乐。

多巴胺最明显的作用就是让人感到兴奋和快乐，所以含糖量很高的可乐又被称为“肥宅快乐水”。

吃糖等于生存下去，同时还能获得快乐，这早就写在了人类的基因里。所以，人类很早就开始研究制糖的技术，种植含糖植物，把这些植物的汁液熬成糖浆储存下来。

早在 2800 多年前的西周时期，中国人就开始用谷物来熬制糖浆。到了 2500 多年前，印度掌握了熬制蔗糖的技术，成为全世界最早制造蔗糖的国家。

• 爱吃糖的欧洲人

公元 11 世纪，蔗糖流传到欧洲，欧洲人迅速爱上了蔗糖。

首先，是因为欧洲天气冷，更需要吃甜食，但是又因为气候原因，欧洲无法种植甘蔗，于是在欧洲，糖就成了奢侈品。为了炫耀财富和权力，欧洲王室和贵族在宴会上大把吃糖，其结果呢？

那时，王室贵族好多人都有一口坏牙。比如，著名的法国“太阳王”路易十四，他 40 岁以后的画像都是嘴唇紧闭、两腮凹陷，就是因为吃糖太多，40 岁的时候满口牙都掉光了。

当时在欧洲还有这么一个黑色幽默，看一个人是不是有钱人，就看他的牙齿够不够黑，牙齿越黑就说明这个人吃的糖越多，自然就越有钱。

到了 15 世纪，远洋航海技术迅猛发展，哥伦布发现了美洲新大陆，英国也打造了强大的全球贸易网，糖和制糖技术传遍了全世界。

那个时候，欧洲人抓住商机，在全球的殖民地大量开垦农田，种植甘蔗，同时贩卖了大量的奴隶在甘蔗田里工作。

这催生了与糖相关的上下游行业，让更多的人吃到了廉价的糖。后来，不仅蛋糕、饼干、巧克力等甜食大量生产，而且人们喝茶、喝咖啡时也会加糖。

随着全球人口的大幅增加，糖的需求量可以说是逐年上升。到了 2019 年，全球糖的消费量已经达到 1.75 亿吨。而中国的糖的消费量位居全球第三，达到 1580 万吨，平均每个中国人一年要吃 60 斤糖，每天要吃 82 克糖。

然而，《中国居民膳食指南》指出，健康的人每天摄取的糖最好限制在25克以内，最多不能超过50克。而一瓶500毫升的可口可乐，其含糖量超过50克，远远超过一天摄取糖的健康标准。多项研究结果提示，儿童期肥胖会增加成年后心脑血管疾病、2型糖尿病等慢性非传染性疾病的发病风险。

糖的相关行业赚得盆满钵满，却把健康隐患留给了人类。目前，过量食糖已经被视作公共卫生问题，已经有数十个国家向制糖业征收糖税，向肥胖开战。

• 无糖饮料的诞生

爱吃糖是我们的天性，又要过瘾又要健康，两者难以兼顾，这迫使人类寻求新创意，能不能用热量极低、口感类似的甜味剂代替糖？

代糖有两种，一种是人工合成的甜味剂，另一种是从天然食物中提取的甜味剂。最初的人工甜味剂是糖精，是化学家法赫伯格1897年的意外发现，当时他和另一名化学家正在用煤焦油提炼一种新的防腐剂。1890年至1930年间，在美国糖精是唯一被使用的人工甜味剂，当时只用于糖尿病患者和高血压老人，让他们过过嘴瘾。

1952年，第一代无糖饮料诞生在美国的一个慢性病疗养院里。最初使用的甜味剂就叫甜蜜素，没想到这款饮料卖得特别火爆，很快就“出圈”了。

商家发现，买这款饮料的并不都是糖尿病人，大多数是在意身材的女性。商家利用各种身材苗条的模特来做形象宣传，目的就是让人把饮用无糖饮料和保持身材联系起来，这样大大提高了无糖饮料的销量。

1982 年，可口可乐公司推出了一款使用阿斯巴甜的无糖可乐，也就是现在著名的健怡可乐。阿斯巴甜属于第三代甜味剂，因安全性问题，前三代的人工合成剂逐渐被第四代、第五代、第六代甜味剂安赛蜜和三氯蔗糖、纽甜取代。

除了人工甜味剂外，还有天然甜味剂。目前，较为常见的天然甜味剂包括甜菊糖苷、罗汉果苷、甘草酸等，以及糖醇类天然甜味剂。其中，常见的糖醇类代糖如赤藓糖醇、木糖醇、麦芽糖醇等，均属于天然甜味剂。

赤藓糖醇在进入人体后不参与糖的代谢，大部分随尿液排出体外，所以不会引起血糖变化，也不会产生热量。

因为其天然甜味剂和 0 热量的双重属性，赤藓糖醇成为健康食品达到“0 糖、0 脂、0 卡”目标的首选，近年来成为代糖市场的“新贵”。

当然，代糖的安全性也一直受到质疑，是否对人体代谢有害。这个复杂的问题，很难一下子就得出结论。但是，糖的负面作用已经毋庸置疑，公共卫生部门也认为，不能因噎废食。

过去被污名化的糖精，后来也被取消了禁令。“甜味剂”不再是负面名词，它们已经成为现代食品工业中不可或缺的一部分。据相关报告显示，我国无糖饮料的市场规模将进一步保持增长势头，预计2025年增至227.4亿元。

• 商业需要紧扣人的需求

无糖饮料发展的背后所透视出来的，是新科学技术与洞察市场需求的商业结合。从糖的历史，到代糖的发明、发现，我们可以看到，商业的发展始终是在满足人类的需求。

人的本质需求其实就是追求幸福感。而我们的幸福感，虽然不完全确定，但是相当多是由人类基因所决定的，例如人类对甜味食物的追求。短期内或者以万年为时间维度来评估，恐怕基因进化改变的可能性极小。因此，我们本质上有通过甜味食物来提升幸福感的需求。

虽然糖能够给我们提供短暂的幸福感，但对身体的伤害已被大大验证。如何用科学的手段把糖对身体的伤害降到最低？这中间所用到的科学知识，就来自化学工程和生化研究。

正是因为有了化学工程，从被冤枉的糖精到现在的阿斯巴甜等甜味剂，才有了发明的可能。正是有了对生化反应的研究，我们才可以验证它们对身体的影响，至少目前它们对身体的害处未被验证。

目前，这些都是相当前沿的研究领域。

新的研究成果，被洞察人类需求的商人发现，并将其与商业相结合，最终造就了今天的代糖工业。因为代糖饮料的发展，国内也涌现出几个代糖业的巨头。例如，人工甜味剂的龙头企业金禾实业，赤藓糖醇的最大生产企业三元生物和“保龄球”等。

这进一步佐证了，所谓商业思维，就是把不断进步的科学技术与人类的新需求结合起来。

● 换一种方式获得幸福感

你以为化学甜味剂仅仅是雕虫小技吗？不然。

追溯到远古，因为甜味意味着高热量、高葡萄糖，人类在生理学上能动用的唯一能源就是葡萄糖。所以喜欢吃甜食，大脑给予我们幸福感的奖励，这样的机制能够让我们生存。

现在食物过剩，人类基因没有变化，我们不再需要那么多糖类食品，却依然需要这种幸福感。

未来我们的幸福感有没有可能通过生化手段、数字手段，甚至芯片直接获得呢？这将是一个完全不同的世界。

如果用技术的手段，我们可以更便捷、较为健康地获得原始人辛苦获得的甜味，何必还天天对其求知若渴呢？

或许，我们可以放下对过去传统生理快乐的执念，改变我们的生活方式，让更多的幸福感植根于对创造性思维的追求？

当然，这只是面对未来、信奉科学的人的观点，是一种未来的可能性。

思考题

找一种你平时最爱喝的饮料，查一查这些饮料的配方和营养成分，分析一下它是无糖饮料还是含糖饮料？计算一下一瓶含多少糖，最好再把那些甜味剂的化学名称也统计出来。

如果你在饮料界创业，你想设计一款什么样的饮料来抢占市场呢？

用商业推动科技：小疫苗背后的商机

mRNA 技术，大家一定很熟悉，中文翻译为信使 RNA 技术。在新冠肺炎病毒肆虐的时候，国外研发疫苗采用的就是 mRNA 技术。

接下来，我们来看看，一个新的分子生物学技术会带来多大的商机?

• 从 mRNA 技术说起

1962 年，诺贝尔生理学或医学奖颁给了发现 DNA（脱氧核糖核酸）双螺旋结构的团队，从此人类进入了分子生物学的时代。

每个生物的细胞核里面，都有两条 DNA 链，DNA 链贮藏了生物的所有遗传信息。每一段的信息可以指导我们的身体合成蛋白质，但是 DNA 的信息太难懂，人类直到现在还没有搞清楚。

为了便于大家理解，这里做一个简单的类比。DNA 就像用英文写成的人类身体的设计图纸，而我们身体里的“施工队”只懂中文，信使 RNA 好比一个翻译，把英文设计图纸分成一小块、一小块翻译成中文。按照翻译的施工方案，“施工队”就可以修建房子，房子就是组成我们身体的各种蛋白质。

以病毒为例，它就像一个流氓，直接派了个内线到我们的身体里做翻译，直接在我们身体里复制蛋白质，修建它所要的房子。病毒的房子是有害的，会危及我们的生命。我们体内的正常房子就会把病毒的房子炸掉，这是身体的免疫系统。如果病毒太狡猾，建房子的速度太快，人的免疫系统失效，就会被病毒攻陷。

而人类不会束手就擒，于是我们把病毒的“翻译间谍”抓过来进行“严刑拷打”，编辑病毒的 RNA，让它变成无害的。它虽然照样修房子，但这个房子是无害的，是没有活性的。人类的身体就可以学习它的无害技术，修出新的房子。

这就是 mRNA 技术，也就是不用修改原先存档的那份英文设计图，因为风险太高了。我们只需要不断搞定这个“翻译间谍”，重新编辑 RNA，就可以让身体产生很多我们想要的变化，包括攻克癌症，包括治疗某些过去难医治的先天性疾病，等等。这就是所谓 mRNA 技术的前景。

• 一位女科学家的坚持

早在 20 世纪 60 年代，科学家们就发现了 RNA，但是从来没有人想过要进行商业运作，因为 RNA 实在太难操控了。相比于脱氧核糖核酸（DNA），RNA 是一种结构简单且短小的单链核糖核酸。这种 RNA 很容易被细胞中的核酸酶等物质分解。

陆续有科学研究发现，信使 RNA 在治疗疾病方面潜力巨大，很多研究人员希望用它来治疗癌症、神经系统疾病等重大疾病。匈牙利裔生物学家卡塔琳·卡里科（Katalin Karikó）就是其中之一，她很早就接触到信使 RNA，并对 RNA 医学用途产生了浓厚兴趣。

卡里科出生于 1955 年，博士毕业后，她迷恋研究 RNA，但因为没有做出什么研究成果，被塞格德大学（University of Szeged）解雇了，那一年她 30 岁。1985 年，她只能和丈夫带着两岁多的女儿，到了美国。

那时，RNA 领域在科学界被称为一潭死水，因为当时人类对 RNA 了解不多。这个技术致命的缺陷是，它在到达靶细胞之前，就被人体的防御系统破坏了。更严重的是，人体会本能地反击外来入侵者，产生严重的免疫反应，甚至导致死亡。

卡里科拿不到经费，她在美国天普大学的团队被解散。

1989年，她又加入宾夕法尼亚大学药学院，几年之后，又因为拿不到经费，没有成果，被降级到最低级别。

1998年，卡里科才得到了第一笔经费——10万美元。同年，她遇到了后来的合作伙伴——德鲁·韦斯曼（Drew Weissman）。韦斯曼是一位免疫学家，他之前研发过HIV疫苗，是他建议卡里科开发RNA在免疫方面的用途。

两人开始了在信使RNA疫苗方面的长期合作，2005年，他们在《免疫》杂志上发表了一篇重要论文。他们发现，信使RNA中一些天然的核苷酸，是造成机体不良免疫反应的重要因素，他们找到了引发不良免疫反应的核苷酸，然后用人工合成的核苷酸替换，不良免疫反应明显减弱，这项研究为后续信使RNA疫苗的研发奠定了关键基础。

从20世纪80年代到2005年，从被匈牙利的大学解雇，到发表这篇重要论文，卡里科足足走了20多年。这篇论文发表后，她依然没有受到科学界的重视，用她的话来说，“门铃一直没有响”。

她一直是一位副教授。

• 新冠肺炎疫情助推信使 RNA 商业化

有一个高人看到了这篇重要论文，他就是斯坦福大学干细胞生物学博士德里克·罗西（Derrick Rossi）。他惊叹于这个诺贝尔奖级别的发现，并且觉察到了其中巨大的商机。他于 2010 年成立了莫德纳公司，英文名 Moderna，就是修饰 RNA 的意思。

莫德纳公司是目前研究 RNA 的巨头公司中估值最高的公司。在德国，一个研究团队也看到了信使 RNA 技术的巨大潜力，并于 2008 年组建了拜恩泰科（BioNTech）公司，致力于研发治愈癌症的疫苗。2013 年，拜恩泰科公司聘请卡里科担任高级副总裁，帮助管理 mRNA 相关工作。

这两家公司的技术，都是基于卡里科和韦斯曼的修饰信使 RNA 技术。2018 年，在合作多年的基础上，拜恩泰科公司又与美国医药巨头辉瑞公司联合开发了一种针对流感病毒的 RNA 疫苗，并进入了人体临床试验。这成为这两家医药公司合作开发新型冠状病毒疫苗的关键基础。

修饰信使 RNA 技术虽然非常前卫，但一直没“破圈”，直到新冠肺炎疫情暴发。

就在中国科学家首次公布新冠病毒 RNA 序列几天后，拜恩泰科公司和辉瑞公司宣布联合研发出候选的新冠 RNA 疫苗 BNT162b2，并迅速推进该疫苗的人体临床试验。BNT162b2 是针对新冠病毒的刺突蛋白设计的信使 RNA 疫苗，刺突蛋白位于新冠病毒的表面，是新冠病毒入侵人体细胞的关键蛋白。

BNT162b2 疫苗通过静脉注射到体内后，会进入人体免疫细胞产生类似新冠病毒的刺突蛋白，免疫系统随即大量合成可结合刺突蛋白的抗体，这些抗体“大军”将用于抵抗真正的新冠病毒。

从疫苗设计、临床试验到获准上市，不到一年时间，BNT162b2 疫苗创造了疫苗研发史上的奇迹。与之同时研发的，还有莫德纳公司研发的新型冠状病毒疫苗 mRNA-1273。

根据美国知名医药网站披露的 2021 年营收数据，辉瑞公司是新冠产品受益最多的公司。在疫苗的推动下，辉瑞公司 2021 年的收入达到近 813 亿美元，较 2020 年 419 亿美元的收入，同比大涨 94%，排名全球药企第 2 名，仅次于强生公司。莫德纳公司和拜恩泰科公司也凭借新型冠状病毒疫苗的成功研发，第一次跻身到这一榜单中，分别位列第 18 名和第 19 名。

辉瑞公司因为拥有新型冠状病毒疫苗 Comirnaty 和口服抗病毒药物 Paxlovid 两款新冠产品，为公司创造了接近翻倍的营收增长。辉瑞公司极有可能在未来两年超越强生公司，成为全球营收最高的制药公司。

卡里科和韦斯曼因为共同的坚持，在 2021 年获得了生命科学突破奖。这项技术未来能不能获得诺贝尔生理学或医学奖，我们拭目以待。

从空间技术到生物技术（mRNA 疫苗），我们看到了最尖端科学对未来商业的巨大推动。如果为这种未来商业提炼共同精神，可以用“长期主义”来概括。

在信使 RNA 技术研究中，坚韧的女科学家卡里科，用自己毕生研究追求学术梦想，最终成就了一个行业，自身也成为行业领袖。无论是对女科学家本人，还是她所任职的公司来说，由于市值快速增长和营业额飞速提升，在商业上都获得了巨大的成功。其中的启发是，我们不能仅就当下的商业价值，去思考科研的投入和个人学习精力的投入。只有对人类长期有意义的，才是最有价值的商业。

我们也不能因为 RNA 技术今天实现了商业成功，就一哄而上。不要忘记，卡里科在开始疯狂探索 RNA 技术时，根本就没有思考它能否带来商业价值，她只是纯粹地追求科学，认为这一研究对人类有意义。长期主义让科学家卡里科最终取得了科学与商业的双重成功。

商业思维不仅影响商业决策，也影响我们的人生决策。

记得西湖大学首招本科生时，网上有大量的家长评论，他们认为西湖大学开设的都是“四大天坑”专业。所谓“四大天坑”，是指生、化、环、材（生物工程、化学工程、环境工程、材料工程），大家认为学这些专业的孩子毕业后就业会有困难，不如学金融，毕业后可以进银行工作。

如果仅看短期，在银行当柜员的收入是否比担任施一公研究助理的收入高，我不知道。如果从长期视角来看，科学家卡里科（所从事的就是典型的生化工程）给人类带来的价值，远非银行家可比，哪怕仅仅比较商业价值。

面向未来，最有价值的商业应该就是结合尖端科学技术用商业运作，作出对人类有长远价值的贡献。网上流传这样一个故事：一个“网红”说：“不知学物理有什么意思，又赚不到钱。”对此有人评论说：“没有理论物理、高等数学、量子力学，就没有互联网，也没有4G 、5G 技术，哪有你在网上大放厥词的机会？”同样，如果没有人投身“四大天坑”专业，人们未来的生活哪有什么岁月静好?

用长期主义思考是最伟大的商业思维。

思考题

如果你是卡里科，你能耐得住寂寞吗？如果你未来的研究方向暂时无法得到认可，你会继续坚持吗？你们现在未必能得出理性的答案，但思考本身就是有价值的。

互联网经济：未来会是什么样的购物场景

说到未来技术发展会给经济带来什么样的变化，恐怕很多年轻朋友的直观感受是各种电商直播。

2019 年，随着一些超级电商主播的走红，当时他们一场直播便带货上亿元，曾经让人觉得，当了网络直播，就能一夜暴富，实现人生的自由。

前几年，日本有一个调查很有意思，小学男生未来最渴望的职业是——“网红”博主。这真的是未来的经济形态吗？当然不是。

• 电商直播背后的高科技和智能算法

近年来火爆的“网红”主播，只是走在电商前台的销售。“网红”主播的背后，依托互联网技术、大数据分析方法及先进的智能算法。电商直播的本质，是利用技术手段，判断人们的关注点，达到自己的商业目的。

先说说电商这个领域。在 2003 年淘宝成立之前，中国人对于网络购物是陌生的。当时，网络购物平台比较少，人们在网络平台上一般只是购买图书。

中国人开始网络购物，不过短短 20 年的时间。这一点儿也不奇怪，因为世界上第一个网页出现在 1991 年，至今也不过 30 多年。

1991 年 8 月，蒂姆·伯纳斯 - 李为万维网开发的第一个网页上线，它被认为是世界上第一个网站。

1994 年 7 月，世界最大的网络零售商亚马逊公司成立。5 年之后的 1999 年，看到亚马逊的商业模式后，中国最大的图书网站当当网成立。2003 年，淘宝成立。2004 年，京东网开通。两大电商平台先后成立，国人的网络购物习惯被逐渐培养。

过去，要买文具，必须到线下的文具店；到了网络购物时代，你只要输入某种文具的名称，全国各地的、各种各样的文具，都会出现在你的电脑和手机上。

过去，如果你体形不够标准，偏胖或偏瘦，想要买到合适的衣服，可能跑很多家商店也未必能买到称心的，但是到了互联网电商时代，任何一种体形，都能搜索到适合自己的衣服。

互联网电商，减少了人们搜寻商品的成本，提高了商品流通的效率，成为20年来最重要的购买渠道。但是，线下与线上购物，始终是有区别的。网络购物全凭网站上的简单介绍和照片，后来又逐渐发展到短视频，但依然没有线下购物的安全感。网络店铺只能通过店小二简单销售，销售能力有限。

随着互联网技术的发展，直播的流畅度也在提升。直播购物成为平台的购物主流。平台通过算法，进行精准推送，帮主播拉来流量；主播则不断提升自己的网络销售技巧，努力帮平台、帮品牌把货物卖出去。

回顾互联网电商的发展史，技术的发展推动了新的购物形式的出现，新的购物形式需要外表光鲜亮丽、口齿伶俐的主播留在前台，帮品牌和平台吆喝。

• “注意力经济”的升级版

现在的直播购物视频，是从过去的电视购物逐渐演变而来的。10多年前，电视购物上常常充斥着这样魔性的声音：“原价1668，现在只要668，只要668”“你还在等什么，不买就吃亏了！！”是不是和后来“网红”主播的“OMG，买它”的标志性语言有一点儿相似呢？虽然听起来很夸张，但电视购物拉近了消费者和商品的距离。

电视购物衰落后，网络电商开始出现。除了刚才说的淘宝和京东，还有微博电商，有一些微博上的红人，开始晒自己独特的生活方式、穿衣打扮等，怎样搭配比较好看，现在什么衣服、什么鞋最新潮，这些内容吸引了很多年轻人。

这就是所谓的“注意力经济”，先吸引你的注意力，粉丝的注意力也成了一种商品，当粉丝足够多的时候，就会有商家来购买这个商品，目的就是让粉丝的“注意力”转向商家生产的商品，直接变现为钱。

2022年，直播购物的市场份额为14354亿元，比2019年足足上涨了1万亿元。直播带货的模式和传统销售有什么不同呢？

第一，最厉害的是它的高互动性、高黏度。现在的网络主播口才好、颜值高，还了解你的心理，直接向你推销产品的优点，让你心服口服。他好像就坐在你面前，你可以随时留言，和他像朋友一样互动。

第二，同时下单的仪式感。主播一边聊天，一边抛链接。买家和几十万甚至数百万人一起抢单，这不像买东西，更像在做一件有仪式感的事情。

第三，视频的形象化表达降低了购物的门槛。微信公众号上虽然也有图文并茂介绍产品的文章，但是很多人不愿意花太长时间看，看视频直播则好像在参与某个节目，大多数人都能迅速理解。

第四，头部主播利用自己的粉丝优势，向品牌要优惠，便宜仍然是购物的硬道理。

从“注意力经济”的角度看，电商直播升级了传统的电商购物模式，把极其有煽动性的销售话术从线下带到了直播间，加上移动互联网时代便捷的支付方式，直接促成巨额销售。

直播购物仍有不少技术的想象空间。

首先，5G 技术、云计算、大数据、AI、AR、VR 等技术的突破，为商品全面、清晰的展示提供了技术支持。

其次，直播场景多样化成为用户的重要诉求，例如，5G 技术的发展，会推动无人机 360 度全景直播、超高清 8K 画面直播，画面传输信息更丰富。

再次，未来用户的购物场景，可能是通过裸眼 3D、全息投影等方式，自由选择观看视角，模拟产品使用，获得沉浸式购物体验。

最后，虚拟主播 / 机器人主播大量涌现，未来一定会取代现在的“网红”主播。虚拟主播背后，就是人工智能。人工智能时代，也被称为未来第四次工业革命。它可能会颠覆我们现在可以想象的购物场景。

现在有一个概念：元宇宙。与元宇宙相关的经济形态，包括虚拟主播、AR 购物等。无论叫什么名字，其背后都是由大量的新经济体系下的专业人士努力创造出来的。

未来，人工智能技术的发展会给经济带来巨大的影响，我们每一个人都不会置身事外，也许未来购物场景技术的发展也有你的一份贡献呢。

思考题

“网红”主播会不会被虚拟主播替代？在未来的直播领域，什么样的人不会被替代？说说你的思考。

后记

成长为一个面向未来的“斜杠青年”

这本中年人写给中小学生的书，主要目的是在孩子心中埋下商业思维的种子。

商业思维是什么？很多前辈的著作都有提及，众说纷纭，我也不打算做严格的界定。

从狭义的层面说，商业思维就是一种思考方式。每个人都是为自己利益负责的主体，我们在事业发展过程中接受这一点，理性面对大家的利益，创新商业模式，实现最终理想。这种思考方式就是商业思维。

商业思维所依赖的理性思考方式，与依靠行政权力的命令，或者暴力改变他人思想的方式，是背道而驰的。

广义而言，商业思维也是一种理想化情怀，是为人类长期生存，为生活变得更加美好，而付诸努力的情怀。

如果一个人在微观上尊重个人利益，理解商业运作的方式，又懂得沟通和运作的方法论；在宏观上坚持长期主义，有影响更多的人去创造福祉的想法，并有创新意识和执行力来实现梦想，这就具备了企业家精神。

我从来不认为，商业思维意味着从此刻开始立志赚快钱、赚大钱。商业思维所蕴含的企业家精神，是让每一个孩子未来成长为一个“斜杠青年”。

首先，他必须是一个有社会责任感的远见卓识者，愿意为社会、国家和人类的命运负起责任。

其次，他必须是一个有科学素养的，至少是对某一个门类相关科学有体系化认知的现代人，不能盲从于科学时代之前的认知。

最后，他应该是一个有创新意识的开拓进取者。

此三者相结合的“斜杠青年”，是未来社会的栋梁，也是未来具备企业家精神的群体表率。中国的未来、人类的未来，都要依靠这样的年轻人。

如何塑造这样的“斜杠青年”？我无法简单地通过这本书回答清楚。但我希望它是一颗种子，能够在看过的孩子们心中生根发芽，无论是小学生、初中生还是高中生。

2022 年 5 月 5 日

孙明展